ANTOLOGÍA DE POESÍA

LEÓN FELIPE

ANTOLOGÍA DE POESÍA

Compilador

ARTURO SOUTO ALABARCE

INSTITUTO NACIONAL DE BELLAS ARTES

FONDO DE CULTURA ECONÓMICA

MÉXICO

Primera edición,   1985
Primera reimpresión, 1993

D. R. © 1985, FONDO DE CULTURA ECONÓMICA
D. R. © 1986, FONDO DE CULTURA ECONÓMICA, S. A. DE C. V.
Carretera Picacho-Ajusco 227; 14200 México, D. F.

ISBN 968-16-1934-X

Impreso en México

INTRODUCCION

QUIEN tenga un mínimo conocimiento del exilio español de 1939, sabe que León Felipe es el poeta que lo representa. Un poeta comprometido con la circunstancia histórica, un poeta social —cívico se decía en otros tiempos—, pero no el único, ni tampoco por esto definido y limitado. Hay otros, magníficos, como Cernuda y Domenchina. Hay que subrayar, también, que León Felipe era un poeta hecho, es decir, dueño de su propia voz, antes de la guerra y el destierro colectivo. Si verdad es que muchos de sus poemas son hoy clásicos de aquel éxodo: "Tuya es la hacienda...", no lo es menos que la entraña de su obra es metafísica y religiosa. Partiendo de un hecho concreto, de una injusticia social casi siempre, va más allá y plantea, a la desesperada medida del hombre, un interrogante universal. El tema del exilio es en él tan intenso, tan enfático, tan obsesivo, que lo ha hecho suyo para siempre. Y es indudable que la guerra de España, la hipócrita no intervención de las supuestas grandes democracias, la farisaica actitud de los altos prelados que bendecían a los bombarderos de Franco, sobre todo, definen con furia lo que hasta entonces había sido una nebulosa melancolía. Precisión, elevación de tono, pero el problema sustancial estaba presente desde sus primeros libros.

> —No andes errante
> y busca tu camino...
> —Dejadme...
> ya vendrá un viento fuerte que me lleve a mi sitio.

A León Felipe lo vi por vez primera en Valencia, en la Alianza de Intelectuales. Amigo de mi padre, vino a verme porque estaba enfermo en cama y me trajo un libro de cuentos maravillosamente ilustrado: Simbad el Marino. Mucho después supe que León fue siempre amigo de los niños (lo cuenta, por ejemplo, Cosío Villegas en sus memorias). Mi primera imagen del poeta: ancha calva pensativa, que solía querer apresarse; barba enmarañada; brillantes espejuelos que traspasaba la mirada perspicaz y socarrona; chaquetón de pana; cachava, la que más de una vez blandió con furor sin ira... Al paso del tiempo, para mí, como para muchos de mi generación, una imagen —presencia, voz, espíritu— familiar, una razón de ser, una parte de nuestra vida. En el estudio de mi padre, en la casa del editor don Vicente González, en su propio, humilde departamento de la calle de Miguel Schultz, en las tertulias del París, del Trevi, de tantos otros cafés, en el palacio de Bellas Artes, en el Ateneo Español de México, la presencia y la voz de León Felipe fue siempre un espejo, un recordatorio de quiénes éramos, quiénes somos. Años en que a medida que crecíamos íbamos comprendiendo en parte, sólo en mínima parte, la magnitud de su poesía. Era un poeta famoso, pero pocos he visto tan ajenos a la vanidad de las formas. Y en su digna, paradójica soberbia —soberbia castellana; profundamente humana, democrática—, lo que más le preocupaba era que le quisieran. Muchos podrán recordar que solía asirnos por el cogote —literalmente acogotarnos— y preguntar: "¡Dime la verdad, eh, dime la verdad, no me engañes! ¿Me quieres, eh, me quieres?" Porque le preocupaba mucho que su actitud profética, que sus versos terribles y sarcásticos, dejaran colarse una injusticia. Había clamado mucho contra Nínive, pero le angustiaba que alguien en particular pudiera sentirse injustamente ofendido. Hubo, sí, enorme furor en León Felipe, pero nunca malicia ni resentimiento. Por lo contrario, una grande y clara inocencia proverbial, no sólo para las cosas prácticas de la vida —de lo que hay muchas divertidas anécdotas— sino transparente, creo yo, en muchas de sus poesías. En esas tertulias de café, a las que asistíamos algunos jóvenes —entonces—, como Alberto Gironella, José Luis González Iroz, Luis Rius, nació en los últimos tiempos entre el poeta viejo y el joven no ya una amistad, existente desde hacía mucho, sino una gran compenetración. Y no se trata en este caso de influencia literaria, sino de algo a la vez distinto y más profundo. Consistía en estar los dos de acuerdo en las cosas esenciales de la vida. Y entre las cosas esenciales, la poesía, ante la cual había en ellos una común actitud, que no estilos afines, puesto que sus ritmos —y este ritmo propio es lo importante— eran por completo diferentes. En esas tertulias, pues, se le ocurrió a Luis escribir la biografía poética de León Felipe, es decir, rastrear sus versos hasta sus fuentes, vivencias, explicárselos a la luz de lo que el poeta mismo había vivido, pensado, sentido, cuando los escribía. No sería una lectura definitiva —ninguna lo es—, pero tendría una validez indudable; en ella estaría —como lo está— la voz del propio poeta. Y a León Felipe, enemigo natural y desconfiado de toda suerte de erudiciones filológicas y análisis estilísticos —¡qué anécdotas contaba León de su amigo Dámaso Alonso!—, le pareció bien que un poeta amigo, un poeta joven que pudiera comprenderlo y quererlo más acá de los estudios literarios, escribiera —por cierto: primera vez, a pesar de la fama leonfelipesca—, escribiera, pues, y aclarara en lo que fuera posible, las vivencias que originaron sus poemas.

Hasta donde sé, el libro de Luis Rius: *León Felipe, poeta de barro*, es la primera y única hasta hoy biografía del poeta. Curioso, cuando se piensa que la suya fue una de las vidas más largas e intensas en la poesía de nuestra lengua. Y curioso también que un poeta confesional como León Felipe, cuya obra parte casi siempre de circunstancias personales, de vivencias, sea a la vez, para confusión y desconcierto de los que creen haberlo asido, uno de los más huidizos. Porque si es cierto que este poeta cuenta lo que le pasa, y lo cuenta en apariencia llanamente, lo es también que estamos ante un viejo actor criado en la mágica trasmutación shakesperiana. Arranca de la más sórdida o prosaica o pequeña realidad, y se eleva sobre el plano autobiográfico, pasa a la idealidad, a la ética y, aún más allá, a lo metafísico y lo religioso. El hecho es que a los ochenta años de su vida empezó a hablarle de ella León Felipe a Luis Rius, y de estas largas, casi interminables conversaciones —grabadas en gran parte— pudo el biógrafo organizar no sólo una obra de extraordinario valor testimonial sino una verdadera biografía poética, una muy clara y profunda interpretación de la poesía y la poética de León Felipe. Diálogos de los que no creo necesario apuntar quién se llevaba la parte del león; monólogos más bien —en los que Luis, casi siempre, escuchaba discreta, respetuosamente, precisando algo de cuando en cuando para forzar una mínima coherencia—, monólogos a veces ensordecidos, inconexos, como de confesionario. Y de estos diálogos o soliloquios consigo mismo resultó una biografía ejemplar. Ejemplar porque el análisis supuestamente objetivo de la poesía, que con frecuencia es poco elocuente, incompleto y a veces, además, invención o proyección del crítico, se sustituye en este libro de Rius por la comprensión, casi verso a verso, de la trayectoria, de las condiciones vitales inseparables de una obra literaria. Una biografía poética no excluye de ninguna manera el análisis textual, pero sin lugar a dudas aclara, dilucida muchas cosas. El libro de Luis es más que una crónica, más que una crítica de su poesía a la luz de las vivencias que la determinaron. Es una especie de testamento, un examen de conciencia que el poeta hizo durante muchas horas de sostenido, a veces agónico esfuerzo. Al oído fino, inteligente, de Luis Rius, pero sobre todo a su entrañada compañía, fue recordando León Felipe su vida, organizando su memoria, comprendiendo en una imagen coherente vida y poesía, una y la misma para él. Ambos sabían que la forma, la estructura, el "procedimiento", eran fundamentales para la poesía, pero más importante aún les parecía el ritmo propio, original, del poeta. Y así, a propósito del relativo aislamiento en que se produce la poesía de León Felipe, de su inoportunidad, de lo que por igual la distancia tanto de la poesía pura como de la poesía social, escribe Rius:

> No le pertenecen a la poesía ni verdades objetivas ni verdades parciales, que son las únicas a las que pueden aspirar los distintos elementos impuros que el poeta maneja. La poesía busca una verdad absoluta: la que se desprende de un momento psíquico vivido por un ser tan intensamente, que haya logrado individualizar en el suyo un sentimiento colectivo trascendente; verdad que es independiente del valor que en sí mismos posean los distintos elementos utilizados en el poema. Del roce rítmico, del acoplamiento armonioso de los diferentes elementos extrapoéticos que el poeta maneja brota la poesía, como la llama surge del roce acompasado y sostenido de dos pedernales.*

La poesía de León Felipe, desde el primero de sus libros: *Versos y oraciones de caminante* (1920), hasta el último entre los mayores: *¡Oh, este viejo y roto violín!* (1965), es autobiográfica. Siendo esencialmente lírica, aunque de más en más, caldeada por motivos históricos, haya podido elevarse hacia el tono épico e incluso apocalíptico, arranca de una situación personal, de una confesión que ni siquiera se de-

---

* *León Felipe, poeta de barro.*

10

tiene en los umbrales del sueño o del psicoanálisis. Parte siempre de circunstancias concretas, de cosas y hechos intensamente vividos por el poeta, puntos de referencia definidos, alusiones a tiempos, espacios, eventos, personas, libros inmediatos. Su relación con las fuentes —y digo fuentes en el sentido vital, humano, y no sólo en el estrictamente literario— es un ejemplo. Así, para León Felipe, no son Don Quijote y Hamlet personajes, entes de ficción novelesca o dramática vistos a cierta distancia estética, sino personas de carne y hueso, presencias y voces próximas con quienes dialoga, interroga, discute, departe y comparte, y todo ello en el más humano y aun prosaico de los planos. ¡Qué lejos queda el distanciamiento estético —el pintor que describe Ortega, por ejemplo—, qué lejos —más aún— la sutileza erudita o el juego del ingenio! Su poesía arraiga en su aquí y ahora, las cosas tienen su nombre y no hay por qué estilizar, ni ocultar ni escamotear nada. No es, en efecto, ni criptográfico ni tampoco surrealista, y todo lo humano, todo, sea Don Quijote o el jorobadito Rubén, es para él combustible poético. Pero esta poesía que arraiga en lo inmediato y cotidiano, que parte de grandes o muy pequeñas circunstancias, trae un ritmo antiguo de extraordinaria fuerza y originalidad, un ritmo que asciende dramáticamente hasta el mito. Una voz, además, que como muchas veces dice León Felipe, no es la suya, sino la voz colectiva, la voz antigua de la tierra —"la voz de la sangre de tu hermano"—; esto es, lo que ha llamado a veces el Viento, a veces los ángeles, que para muchos podría ser el nombre impreciso, multívoco de la divinidad.

Autobiografía, inmediatez y trascendencia, contradictoria mezcla de humildad y soberbia, están ya en sus primeros libros, y en los últimos también. No tener patria ni heredad; ser un nómada que busca respuesta a la grande, definitiva pregunta; sentirse tan sólo un medio, un trasmisor, un cántaro de barro en el que resuena y retumba el Viento, son imágenes obsesivas en la poesía de León Felipe. Le parecía bien que Luis Rius, en su biografía, le hubiera llamado "poeta de barro", materia de adobe, pero lo cierto es que esta humildad mal se aviene con el tono y magnitud de su cuestionamiento metafísico. Como muy bien dice Rius: "*¿Quién soy yo?* Ésa es la pregunta que se repite una y otra vez en *Ganarás la luz* y que se halla implícita a lo largo de su obra entera." Humilde en cuanto a su vida personal, casi ascética, y su visión de la poesía, pero, a la vez, como en los profetas bíblicos, desaforadamente soberbio. De ahí llamarse un poeta anacrónico e inoportuno entre modernistas y ultraístas (énfasis en la forma y en el juego); de ahí su desdén por la manera o "procedimiento", llámese clásico o experimental, entendido éste como una razón objetiva de lenguaje en la que encauzar la idea o el sentimiento. Y no es que la ignore, porque socarronamente sabio es León Felipe en usar toda clase de recursos estilísticos, sino que para él lo primero es su propio ritmo, interior y original, esté o no esté al compás de los demás.

Con buen paso, firme, entró León Felipe en la poesía española hacia 1919. Esto puede parecer natural en un tardío poeta de treinta y cinco años, es decir, un artista hasta cierto punto hecho; pero lo que no parece tan natural es, por un lado, la resonancia que tuvo su primera lectura pública (Ateneo de Madrid), y por otro, la constancia de estilo que mantiene desde aquella primera época hasta la última. Porque en el caso de este poeta, el estilo —aun en sus niveles primarios: sonido, tono, cadencia— corresponde a la idea y al sentimiento-pasión del que es inseparable. La búsqueda del propio yo, humildemente circunscrito, sí, en su miseria y fragilidad, pero también soberbiamente válido para todos los hombres, para el hombre que interroga a Dios:

> El hombre ahí,
> desnudo bajo la noche y frente al misterio,
> con su tragedia a cuestas,
> con su verdadera tragedia,
> con su única tragedia...
> la que surge, la que se alza cuando preguntamos,
>   cuando gritamos en el viento:
> ¿Quién soy yo?
> Y el viento no responde... Y no responde nadie.
> ¿Quién soy yo?... ¡Silencio!... Silencio.
> Ni un eco... ni un signo...
> ¿Quién soy yo?
> Silencio... silencio... Otra vez el silencio.

La búsqueda obsesiva del sentido del hombre ante el silencio de Dios, imposible, empecinado afán, se multiplica en imágenes siempre diversas, intensísimas, sorprendentes, a pesar del trasfondo único, constante que las nutre. Una correlación perfecta entre la idea-pasión fija, casi monomaniaca, y el estilo circular, enfático, cadencioso, reiterativo de sus poemas. Aquí y allá hay intrusiones, resonancias de cosas y libros nuevos. Calderón, Shakespeare, Cervantes, serán interlocutores que aparecen desde muy temprana época; vendrá después Whitman. En modo alguno era ajeno León Felipe al mundo literario en el que vivía. Su relación con Juan Larrea, por ejemplo, es muy evidente, pero en lo sustancial, en el angustioso problema metafísico —más específicamente: religioso— que lo desespera, la poesía de León Felipe no cambia desde *Versos y oraciones de caminante*. Corrige, afina, precisa, subraya, refunde, intensifica la gran obsesión. Y precisamente por serlo, auténtica, apasionada, lejos de amanerarse —que amanerarse sería repetir y desmayar—, se eleva en motivos, en ancha gama de pretextos sociales, políticos, históricos. Asciende en tono, en temperatura psíquica, en violencia. Pasa de lo cotidiano a lo épico, de lo épico a lo mítico, y a lo religioso. Del verso que musita al grito desaforado y la onomatopeya, de la oración a la blasfemia. Y esta altura que alcanza la voz de León Felipe —que a muchos puede no gustar por creerla dramática en exceso siendo, sin embargo, radicalmente sincera—, esta elevación de tono, esta desmesura metafórica, se debe a la guerra de España.

No es fácil situar a León Felipe en una determinada generación literaria. Cronológicamente, y en algunos otros aspectos importantes, pertenece a la del novecientos. El hecho es que su primer libro —al poco destruido— se lo llevó a Juan Ramón Jiménez, casi estricto contemporáneo suyo. Y que fue Enrique Díez-Canedo —eminentísimo crítico literario, contemporáneo también—, quien lo apadrinó literariamente. El hecho es que León Felipe está sin duda relacionado con la generación del 27, y que más de una vez resuenan ecos surrealistas en su poética y en su poesía. En el fondo, no debe interesar mucho la exactitud clasificatoria, detestada con bastante razón por la mayor parte de los escritores. Me atrevería a relacionarlo más bien con los del 98, sobre todo con Unamuno y con Antonio Machado, porque ellos fueron (después de la Biblia, de Cervantes y de Shakespeare), combustible de primer orden para su poesía. Pienso que el "Pie para el niño de Vallecas de Velázquez", por ejemplo, este poema metafísico hambriento de absoluto, arraiga en un clima espiritual profundamente español y noventaiochista. Verdad es que años más tarde reprocharía León Felipe a los "mastines del 98, que en cuanto ganasteis la antesala dejasteis de ladrar", pero toda su poesía respira la atmósfera de aquella generación. La visión de una España que se desgarra a sí misma, el énfasis en el mito quijotesco, el sentido ascético de Castilla, el simbolismo cristiano, la búsqueda de justicia ante un Dios imperturbable, parten de Unamuno y de Machado. Pero es la guerra de España, la injusticia y el escarnio hechos realidad concreta y violenta, lo que lleva a la poesía de León Felipe a un tono y una temática por fin definidos.

No son muchos los libros que escribió León Felipe a lo largo de sus ochenta y tantos años. Como él mismo afirma en repetidas ocasiones, es en el fondo autor de un solo libro, un solo poema

> Me incluyo y me reitero. A veces coloco un mismo verso y un poema completo en tres sitios distintos, pero en cada momento tiene una intención diferente. Por lo demás, soy pobre, vivo del ritornelo y me repito como la noria y como el mundo. (*Ganarás la luz*)

Pero no es tan sencillo llevar a cabo su repertorio bibliográfico porque son muchas, y en muy diversos sitios, las lecturas públicas, las conferencias-recitales, las poesías sueltas y dispersas en revistas y suplementos, los cuadernos, las selecciones y antologías. La refundición, tan frecuente en su obra, complica la tarea de los filólogos. Las variantes, comunes a tantos otros poetas, no son en León Felipe perfeccionismo en el sentido formal de la palabra, sino todo un concepto de la poesía. Como se dijo antes, el poeta, para él, es "El-embudo-y-el-Viento." Con todo, entre 1920 y 1965, publicó siete libros de poesía y dos poemas sueltos que señalan etapas críticas de su ciclo artístico. Los libros son: *Versos y oraciones de caminante* (1920); *Versos y oraciones de caminante*, libro segundo (1930); *Español del éxodo y del llanto* (1939); *Ganarás la luz* (1943); *Llamadme publicano* (1950); *El ciervo* (1958); y *¡Oh, este viejo y roto violín!* (1965). Los dos poemas que me parecen particularmente interesantes en su trayectoria poética: "Drop a Star" (1933) y "La insignia" (1937).

14

Versos y oraciones de caminante está escrito en dos o tres meses, en Almonacid de Zorita, donde a la sazón era León Felipe regente de farmacia. Es el pueblo de la Alcarria al que se refiere en su poema "¡Qué lástima!" Vuelto a Madrid en el otoño de 1919, lee con gran éxito estos versos en el Ateneo de Madrid, a pesar —por ello mismo, en realidad— de ser un intruso, un desconocido de edad madura que venía a desentonar de las dos corrientes poéticas dominantes entonces: modernistas y ultraístas. Fue Enrique Díez-Canedo uno de los primeros en reconocer la calidad y originalidad de su poesía, publicando una selección de la misma en la revista *España*. El libro entero apareció en la imprenta de Juan Pérez Torres en 1920, patrocinado por un grupo de amigos. Entre ellos: Wenceslao Roces, entonces estudiante del doctorado en Derecho; el escultor Madariaga; el musicólogo Martínez Torner; Paco Vighi, y un tabernero de la calle de Torrijos: Bernardino Higuera, quien aportó la mayor parte de las 500 pesetas que costó la edición. *Versos y oraciones de caminante* apunta ya el tema metafísico, religioso, que será más tarde ampliado e intensificado, pero todavía no se define la tragedia humana, concreta, que encauce la inquietud, la melancolía de León Felipe en esos años. El tono bajo, susurrante, corresponde a esa indefinición. Es, en efecto, poesía musitada como una plegaria. Las resonancias de Unamuno y de Antonio Machado, que León Felipe curiosamente no suele citar —él, que a tantos otros se refiere—, son, sin embargo, fuertes.

El segundo libro de *Versos y oraciones de caminante*, que el autor recorta mucho en sus *Obras completas* (y en buena parte, rehechas), se escribe a partir de 1924, en la Universidad de Cornell, donde León Felipe era, a la vez, profesor de español y estudiante de letras. Un libro que en parte se deberá a la amistad y ayuda de Federico de Onís. Etapa de la andariega vida del poeta en que se desilusiona de los Estados Unidos, de los diplomas y de los *scholars*, pero no de sus bibliotecas, donde lee y escribe gustosamente. Se entusiasma con Whitman, trata a Lorca, Waldo Frank, Ángel del Río. En 1930, el Instituto de las Españas edita en Nueva York *Versos y oraciones*, II libro. Un poema esencial: "Pie para el niño de Vallecas de Velázquez."

Vuelto a México a fines de 1931, habiendo recuperado las clases en la Escuela de Verano, escribe el poema "Drop a star'', una obra que Rius llama de transición y que el propio León Felipe no sabe cómo juzgar. Lo publica en 1933 por su propia cuenta, impreso en la Imprenta Artística de José Celorio Ortega. En sus *Obras completas* dice que lo ha hecho y rehecho varias veces, y en ellas está la cuarta variante impresa. Un poema que no acaba de explicarse, en el que afirma no haber clave, no ser surrealista ni criptográfico, pero en el que la extrañeza misma que le produce demuestra hasta qué punto ha experimentado su autor una profunda crisis estética. Parte, desde luego, de sus vivencias, de sus lecturas, en los Estados Unidos; hay en él influencia de Huidobro, de Eliot, de Lorca incluso, pero lo que quizá más destaca a primera vista es la elevación del tono, la audacia de la imagen, el dislocamiento de la lógica de la oración en aras de un sentido ético y metafísico superior. "Drop a star" contiene ya toda una serie de recursos estilísticos que serán subrayados en los poemas posteriores y culminantes. Poema en cierto modo cinematográfico que sin duda expresa el fuerte impacto de los Estados Unidos en el escritor castellano.

Un poema de circunstancias, de acción, de guerra, es, según León Felipe, "La insignia", leído el 28 de marzo de 1937 en el teatro Metropolitan de Barcelona. En el caldeado clima de la España en guerra de aquellos días, el poeta se jugó la vida con su lectura. Quizá lo salvara su propia inocencia y la de los anarquistas, con los que sin duda en algunas cosas se identificaba León. Más que su valor poético intrínseco debe destacarse el valor cívico, pues ataca de lleno el poema un problema en el que insistiría vehementemente en el exilio: el hacha, el cainismo, la perpetua guerra civil de los españoles consigo mismos. A su valor histórico, documental, hay que añadir uno psicológico: la sinceridad del clamor leonfelipesco.

El testimonio poético del exilio español es, como se sabe, *Español del éxodo y del llanto. Doctrina de un poeta español en 1939*, que publica La Casa de España (después El Colegio de México). En este libro encuentra León Felipe la definición precisa de su clamor por la justicia, la encarnación viva, inmediata, de toda su inquietud espiritual que desde hacía muchos años, en el recorrido de un largo peregrinar, iba tomando forma. El éxodo es para él la prueba definitiva, la gran enseñanza, el descubrimiento literal de lo que hasta entonces vislumbraba más o menos nebulosamente. El desarraigo total, irreversible, lo ilumina. La pérdida de la guerra y de la tierra es para él un signo, una especie de vía purgativa por la que se puede ascender a la verdad. "REPARTAMOS EL LLANTO —escribe—. Y tal vez esto, que nos parece ahora tan terrible a algunos españoles del éxodo, no sea en fin de cuentas más que el destino del hombre. Porque lo que el hombre ha buscado siempre por la política, por el dogma, por las internacionales obreras ¿no nos lo traerá el llanto?" Un libro lleno de furia, de sarcasmo, de dolor, en el que se resume su desesperada búsqueda de justicia.

Pienso, una vez más, que el estilo de León Felipe estaba hecho desde antes de la guerra y el exilio. Y aún desde antes. En el primer *Versos y oraciones de caminante* aparecen no sólo los motivos constantes de la poesía leonfelipesca: la búsqueda de la justicia, el silencio enigmático de Dios, la paradójica naturaleza del hombre... Pero, además de estas constantes temáticas, elementos retóricos —porque evidentemente sí hay retórica en este poeta—, que desarrollados y diversificados se repetirán obsesivamente en las obras posteriores (múltiples formas de la reiteración: estribillo, aliteración, antítesis, paralelismo, etc.). Pero hay que señalar, sin embargo, que toda esa forma propia de León Felipe, a la vez antigua y original; todo, ese ritmo huracanado que le es específico, va a encontrar su más precisa y alta definición en la guerra de España y el exilio que le sigue. La guerra de España, la mundial que vendría de inmediato, los campos nazis de exterminio, Vietnam, son combustible de primer orden para la hoguera poética y religiosa de León Felipe. Es importante, pues, fijarse en la fecha —1939— en que se escriben los poemas de *Español del éxodo y del llanto*: una de las horas más sombrías de la historia universal.

En 1943, dedicado a Juan Larrea, a quien llamó maestro de poetas, publica *Ganarás la luz* con el pie editorial de *Cuadernos Americanos*. Es éste, en mi opinión, el libro mayor de León Felipe, cuantitativa, cualitativamente, pero sobre todo el más sincero y representativo. "Biografía, poesía y destino", porque León Felipe no fue un hombre de voluntad sino de destino, de viento fuerte que viniera a ponerlo en su sitio. No es un libro puro desde el punto de vista preceptivo. De él dijo Octavio Paz que no era un libro de poesía, pero que era un gran libro. Mezcla verso y prosa; ratifica, enfatiza, comenta y explica en prosa lo que escribe en verso, insiste obsesivamente. Está consciente de esta machaconería y la explica también. Si San Juan de la Cruz había escrito un libro entero para dilucidar unos pocos versos, ¿por qué no él? Una prosa directa, enérgica, quebrada de cuando en cuando por el grito, o a veces enternecida por el tono amistoso, confidencial. Se barajan coloquialismos y metáforas, y diversos géneros o variedades literarias: autobiografía, confesión, ensayo, poesía, profecía. El autor hace hincapié en que es, a la vez, vida y antología, desahogo autobiográfico y verbo poético, porque en él poesía y vida son una, la misma cosa. Nunca fue partidario de lo que en su primer libro publicado llamó "procedimiento", es decir, la preocupación formal sobre la estética. No es poeta de minorías, pero tiene también su vanidad. Le preocupa la fama, pero no tanto la de una sociedad que lo escuche en el presente sino la fama del viento, el juez definitivo, el gran antólogo que a la postre dispersa o reúne en apretado haz toda obra humana. El volumen contiene poesías escritas desde 1940, y alguna que otra de años anteriores. Años terribles para un español, para todos en realidad. Perdida la guerra civil (según muchos la última en que se luchó por ideales), aventados por la diáspora, confinados en los campos de concentración la mayor parte, los españoles, que habían abierto la puerta, pisaban el umbral de la segunda Guerra Mundial. Tiempos de oscuridad. Y León Felipe, cuya poesía parte siempre de la circunstancia, para luego elevarse a planos universales, expresa entonces una profunda desesperación. *Ganarás la luz* es la prueba de una convulsión espiritual, un examen de conciencia, la búsqueda y revelación de las culpas propias —tema viejo en León Felipe—, pero que se funde en este libro con la culpa universal de la guerra, del colapso universal de todos los valores humanos, y de todos el mayor: la justicia. No caben ya contemplaciones racionales, composición, preceptiva, sino un alto, largo, desesperado grito. Y por este clamor que emerge de la más profunda e irracional parte del poeta, el verso se fragmenta. Y sin embargo, a pesar de concebirse este libro en la más densa oscuridad de los años cuarenta —tanta que León Felipe pensaba titularlo *Versos y blasfemias de caminante*—, puede más la esperanza. De ahí *Ganarás la luz*. Cambia el tono, ahora elegiaco, apocalíptico incluso, pero no el afán de conocerse a sí mismo, no la búsqueda iniciada en *Versos y oraciones de caminante*, el espíritu leonfelipesco hambriento de Dios. Sigue siendo el mismo poeta. Un tono distinto, ya no bajo, susurrante, sino alto, desmesurado, a veces casi incoherente, pero quizás aún más religioso por lo que tiene de inocente y conmovedor reproche a la divinidad. No se implora a Dios en la guerra igual que en la paz. Y menos aún se interroga su incomprensible justicia con serenidad filosófica. Evoca León Felipe el antiguo, tremendo, inquietante "Eli, Eli, ¿lama sabachtani?" Anacrónico y desentonado, en efecto, como de sí mismo dijo el poeta, pero siempre sincero, humano, cristiano en lo moral y religioso en cuanto a la búsqueda de una realidad trascendente. Es en *Ganarás la luz* donde comienzan a subrayarse una serie de características muy personales. Se enfatiza, por ejemplo, el sentido autobiográfico. Siempre hubo en León Felipe, y desde su primer libro publicado, una obvia preocupación por la poética, por definir su propio concepto acerca de la poesía. Un concepto esencialmente vivencial, autobiográfico, opuesto a los extremos de poesía pura y de poesía social, pero de toda suerte muy próximo a un sentido tradicional, colectivo del hecho poético. En esto, como en otros aspectos, León Felipe recobra para la poesía actual la actitud medieval, juglaresca. Y es también al través del punto de partida autobiográfico, de autoanálisis y examen de conciencia mejor dicho, donde en *Ganarás la luz* y en sus libros posteriores se afianza la presencia de México en su obra.

Llamadme publicano, publicado en 1950, y también en México, como casi todos los de León Felipe, acentúa la nota pesimista. Lo escribe León Felipe después de un recorrido por Sudamérica. Compuesto, según dice, principalmente para España, donde espera que la censura sea menos rígida, es en grandísima parte refundición de libros anteriores, pero contiene poemas notables, uno de los cuales, en opinión de Luis Rius, es su poema clave: "La ventana".

Había entrado el poeta en una etapa de sombrío desaliento. La oscuridad se hizo aún más densa con la muerte de su esposa Berta, en 1957, y al año siguiente publica *El ciervo*, con prólogo de Juan Rejano y profusamente ilustrado por los más y mejores pintores mexicanos y españoles. Un libro de gran formato, lujoso, aunque para mi gusto no muy afortunado en cuanto a su diseño y tipografía. En esos días, se creyó el último libro de León Felipe, que frisaba entonces los setenta y cuatro años y estaba abrumado por la más honda depresión. Para su íntimo amigo Juan Rejano, a quien el poeta eligió como prologuista, *El ciervo* es un amargo testamento. "Aquí no hay otra cosa —escribe— que entrañas sangrantes consumiéndose bajo el cielo impasible y palpitando de dolor y rebelión. Entrañas que se ofrecen en holocausto por la salvación del hombre." Un libro terrible, en efecto, desolador. Pero entiéndase, aunque Rejano tenía muy distinta idea de la vida, es el libro de uno de los más grandes poetas elegiacos, y por esto dice: "Una voz valerosa y pura, que, en una edad de tinieblas, de crímenes indecibles y de tortuosas maquinaciones, supo alzarse sin temor, maldiciendo, denunciando, fustigando..." Porque más importante que una determinada actitud ante el mundo es la sinceridad, la autenticidad con que se afronta. Y *El ciervo*, expresión de sus horas más sombrías, en las que la oscuridad está a punto de ser total, no es retórica sino dolor y desesperanza. A ese trance pertenecen "Otro baile" y "Pedigree", quizá este último el más desolador poema que haya escrito. No sólo la idea, la intuición de un Dios remoto, indiferente, sordo y ciego a la eterna ronda de injusticia que consume a los hombres en la tierra, sino la metáfora terrible, la imagen repulsiva de un dios inmisericorde que se traga y defeca al hombre, un Cronos goyesco y monstruoso.

A una edad en que muchos han perdido su energía creadora, a los ochenta años, en 1965, León Felipe publica en esta misma editorial *¡Oh, este viejo y roto violín!* El título es doblemente irónico. Alude al hecho de sorprenderse a sí mismo publicando un nuevo libro cuando menos podía esperarlo, cuando el violín debería sonar muy mal. Y alude también a un viejo tópico leonfelipesco: su oposición a todo virtuosismo poético. Pero nunca ha estado tan lejos de él ni tan bien han sonado mejor algunos de sus poemas. Este libro señala un renacimiento espiritual, una nueva actitud ante la vida y ante la muerte que presiente muy próxima, y a esta nueva y definitiva fase de su vida corresponde un cambio de tono. En lugar del grito, la blasfemia, la gran imprecación —el tono de furor profético en que están escritos sus libros mayores—, el nuevo libro está lleno de ternura, de sabiduría, de un sincero afán de comprenderlo y perdonarlo todo. No hay claudicación alguna, pero sí una especie de contrición universal.

Ni el estilo ni las ideas son nuevas. León Felipe utiliza una vez más el recurso de la reiteración, multiplicado de diferentes formas. De nuevo la vieja vuelta de noria, pero lo paradójico —y en esto consiste el cambio—, es que no hay una repetición propiamente dicha, sino un cambio de tono y de perspectiva, que no son en el fondo sino el signo externo de una elevación, de una superación espiritual. Lo que dice se ha dicho antes en su sentido estrictamente conceptual, pero es ahora mucho más puro y auténtico, más verdadero.

El libro, uno de los más largos de León Felipe, está compuesto en nueve partes y está escrito en verso y en prosa, lleno de diálogos, dedicatorias, pero es en realidad un solo poema. Fluye sin interrupción, un *stream of consciousness* en el más riguroso sentido de la palabra. Y esta confesión —cosa nueva en León Felipe— está dicha en voz baja, como dicha al oído. La poética es la misma. La poesía para él no es un objeto, no es una joya que pueda ser trabajada a cierta distancia estética, sino el espíritu mismo de su individualidad, la señal audible de su propia existencia frágil e incompleta. Se opone a la idea misma de virtuosismo, pero aun suponiendo que lo aceptara como válido en otros, no es lo suyo.

Un último y renaciente libro de León Felipe, de cuyos poemas sobresalen dos: "Auschwitz" y "Escuela". Arranca el primero de un hecho real, bochornosamente histórico: el niño judío que espera su turno ante el horno crematorio. Un dato, una circunstancia, pero nunca externa al poeta. Ha vuelto, con más de ochenta años a cuestas, a una de sus más profundas emociones, la efímera niña que conoció en un pueblo perdido de la Alcarria. Aquélla y éste son el mismo niño, sólo que el de ahora hecho universal, símbolo de inocencia inexplicablemente destruida para vergüenza de nuestra condición humana. Se apoya el segundo en otro dato: los recuerdos de su propia vida esta vez, la suma de múltiples enseñanzas —fuera de instrucción formal, de universidades y diplomas—, recuento y aviso, confesión y testamento. Parecería que la edad; que la proximidad de la muérte, buscada ya en otras ocasiones y circunstancias, deseada de más en más con los años, vendría a suavizar el tono de la poesía de León Felipe; que lo haría menos violento. En *¡Oh, este viejo y roto violín!* algo hay de esto. No es ya el "libro herético y desesperado" (*El ciervo*); está lleno, cierto es, de comprensión, de contrición incluso, pero permanece fijo, firme, el interrogante. No podemos saber qué pensaba, qué sentía León Felipe durante sus últimos días en aquel aciago año de 1968. Hay en *¡Oh, este viejo y roto violín!* un poema titulado "La carne se hizo luz" que creo expresa claramente el estado anímico de sus años postreros, un poema cristiano al modo erasmista. No sé, repito, si ganó la luz León Felipe al morir. Queden tan sólo sus versos:

> Y la esperanza desde que Él vino
> está ahí bailando alegremente
> en las tinieblas cerradas del mundo...
> Lo demás se lo dejo a los teólogos.

ARTURO SOUTO ALABARCE

VERSOS Y ORACIONES DE CAMINANTE
(1920)

NADIE fue ayer,
ni va hoy,
ni irá mañana
hacia Dios
por este mismo camino
que yo voy.
Para cada hombre guarda
un rayo nuevo de luz el sol...
y un camino virgen
Dios.

Poesía...
tristeza honda y ambición del alma...
¡cuándo te darás a todos... a todos,
al príncipe y al paria,
a todos...
sin ritmo y sin palabras!...

No quiero el verbo raro
ni la palabra extraña;
quiero que todas,
todas mis palabras
—fáciles siempre
a los que aman—,
vayan ungidas
con mi alma.

Más bajo, poetas, más bajo...
no lloréis tan alto,
no gritéis tanto...
más bajo, más bajo, hablad más bajo.
Si para quejaros
acercáis la bocina a vuestros labios,
parecerá vuestro llanto,
como el de las plañideras, mercenario.

Deshaced ese verso.
Quitadle los caireles de la rima,
el metro, la cadencia
y hasta la idea misma...
Aventad las palabras...
y si después queda algo todavía,
eso
será la poesía.

¿Qué
importa
que la estrella
esté remota
y deshecha
la rosa?...
Aún tendremos
el brillo y el aroma.

¡QUÉ LÁSTIMA!

Al poeta ALBERTO LÓPEZ ARGÜELLO, *tan amigo, tan buen amigo siempre, baje o suba la rueda*

¡Qué lástima
que yo no pueda cantar a la usanza
de este tiempo lo mismo que los poetas de hoy cantan!
¡Qué lástima
que yo no pueda entonar con una voz engolada
esas brillantes romanzas
a las glorias de la patria!
¡Qué lástima
que yo no tenga una patria!
Sé que la historia es la misma, la misma siempre, que pasa
desde una tierra a otra tierra, desde una raza
a otra raza,
como pasan
esas tormentas de estío desde ésta a aquella comarca.
¡Qué lástima
que yo no tenga comarca,
patria chica, tierra provinciana!
Debí nacer en la entraña
de la estepa castellana
y fui a nacer en un pueblo del que no recuerdo nada:
pasé los días azules de mi infancia en Salamanca.
y mi juventud, una juventud sombría, en la Montaña.
Después... ya no he vuelto a echar el ancla,
y ninguna de estas tierras me levanta
ni me exalta
para poder cantar siempre en la misma tonada
al mismo río que pasa
rodando las mismas aguas,
al mismo cielo, al mismo campo y en la misma casa.
¡Qué lástima
que yo no tenga una casa!

Una casa solariega y blasonada,
una casa
en que guardara,
a más de otras cosas raras,
un sillón viejo de cuero, una mesa apolillada
y el retrato de un mi abuelo que ganara
una batalla.
¡Qué lástima
que yo no tenga un abuelo que ganara
una batalla,
retratado con una mano cruzada
en el pecho, y la otra mano en el puño de la espada!
Y, ¡qué lástima
que yo no tenga siquiera una espada!
Porque..., ¿qué voy a cantar si no tengo ni una patria,
ni una tierra provinciana,
ni una casa
solariega y blasonada,
ni el retrato de un mi abuelo que ganara
una batalla,
ni un sillón viejo de cuero, ni una mesa, ni una espada?
¡Qué voy a cantar si soy un paria
que apenas tiene una capa!

Sin embargo...
                    en esta tierra de España
y en un pueblo de la Alcarria
hay una casa
en la que estoy de posada
y donde tengo, prestadas,
una mesa de pino y una silla de paja.
Un libro tengo también. Y todo mi ajuar se halla
en una sala
muy amplia
y muy blanca
que está en la parte más baja
y más fresca de la casa.
Tiene una luz muy clara

esta sala
tan amplia
y tan blanca...
Una luz muy clara
que entra por una ventana
que da a una calle muy ancha.
Y a la luz de esta ventana
vengo todas las mañanas.
Aquí me siento sobre mi silla de paja
y venzo las horas largas
leyendo en mi libro y viendo cómo pasa
la gente al través de la ventana.
Cosas de poca importancia
parecen un libro y el cristal de una ventana
en un pueblo de la Alcarria,
y, sin embargo, le basta
para sentir todo el ritmo de la vida a mi alma.
Que todo el ritmo del mundo por estos cristales pasa
cuando pasan
ese pastor que va detrás de las cabras
con una enorme cayada,
esa mujer agobiada
con una carga
de leña en la espalda,
esos mendigos que vienen arrastrando sus miserias, de
    Pastrana,
y esa niña que va a la escuela de tan mala gana.
¡Oh, esa niña! Hace un alto en mi ventana
siempre y se queda a los cristales pegada
como si fuera una estampa.
¡Qué gracia
tiene su cara
en el cristal aplastada
con la barbilla sumida y la naricilla chata!
Yo me río mucho mirándola
y la digo que es una niña muy guapa...
Ella entonces me llama
¡tonto!, y se marcha.

¡Pobre niña! Ya no pasa
por esta calle tan ancha
caminando hacia la escuela de muy mala gana,
ni se para
en mi ventana,
ni se queda a los cristales pegada
como si fuera una estampa.
Que un día se puso mala,
muy mala,
y otro día doblaron por ella a muerto las campanas.

Y en una tarde muy clara,
por esta calle tan ancha,
al través de la ventana,
vi cómo se la llevaban
en una caja muy blanca...
En una caja
muy blanca
que tenía un cristalito en la tapa.
Por aquel cristal se la veía la cara
lo mismo que cuando estaba
pegadita al cristal de mi ventana...
Al cristal de esta ventana
que ahora me recuerda siempre el cristalito de aquella
    caja
tan blanca.
Todo el ritmo de la vida pasa
por este cristal de mi ventana...
¡Y la muerte también pasa!

¡Qué lástima
que no pudiendo cantar otras hazañas,
porque no tengo una patria,
ni una tierra provinciana,
ni una casa
solariega y blasonada,
ni el retrato de un mi abuelo que ganara
una batalla,

ni un sillón viejo de cuero, ni una mesa, ni una espada,
y soy un paria
que apenas tiene una capa...
venga, forzado, a cantar cosas de poca importancia!

COMO TÚ...

Así es mi vida,
piedra,
como tú; como tú,
piedra pequeña;
como tú,
piedra ligera;
como tú,
canto que ruedas
por las calzadas
y por las veredas;
como tú,
guijarro humilde de las carreteras;
como tú,
que en días de tormenta
te hundes
en el cieno de la tierra
y luego
centelleas
bajo los cascos
y bajo las ruedas;
como tú, que no has servido
para ser ni piedra
de una Lonja,
ni piedra de una Audiencia,
ni piedra de un Palacio,
ni piedra de una Iglesia;
como tú,
piedra aventurera;
como tú,
que, tal vez, estás hecha
sólo para una honda,
piedra pequeña
y
ligera...

ROMERO SÓLO...

Ser en la vida
romero,
romero sólo que cruza
siempre por caminos nuevos;
ser en la vida
romero,
sin más oficio, sin otro nombre
y sin pueblo...
ser en la vida
romero... romero... sólo romero.
Que no hagan callo las cosas
ni en el alma ni en el cuerpo...
pasar por todo una vez,
una vez sólo y ligero, ligero, siempre ligero.

Que no se acostumbre el pie
a pisar el mismo suelo,
ni el tablado de la farsa,
ni la losa de los templos,
para que nunca recemos
como el sacristán
los rezos,
ni como el cómico
viejo
digamos
los versos.
La mano ociosa es quien tiene
más fino el tacto en los dedos,
decía Hamlet a Horacio,
viendo
cómo cavaba una fosa
y cantaba al mismo tiempo

un
sepulturero.
—No
sabiendo
los oficios
los haremos
con
respeto—.
Para enterrar
a los muertos como debemos
cualquiera sirve, cualquiera...
menos un sepulturero.
Un día todos sabemos hacer justicia;
tan bien como el rey hebreo,
la hizo
Sancho el escudero
y el villano
Pedro Crespo...
Que no hagan callo las cosas
ni en el alma ni en el cuerpo...
pasar por todo una vez,
una vez sólo y ligero, ligero, siempre ligero.

Sensibles
a todo viento
y bajo
todos los cielos,
Poetas,
nunca cantemos
la vida
de un mismo pueblo,
ni la flor
de un solo huerto...
Que sean todos
los pueblos
y todos
los huertos nuestros.

34

COMO AQUELLA NUBE BLANCA...

Ayer estaba mi amor
como aquella nube blanca
que va tan sola en el cielo
y tan alta...
como aquella
que ahora pasa
junto a la luna
de plata.
Nube
blanca
que vas tan sola en el cielo
y tan alta
junto a la luna
de plata...
vendrás a parar
mañana
igual que mi amor
en agua...
en agua del mar
amarga...

Mi amor tiene el ritornelo
del agua, que sin cesar
en nubes sube hasta el cielo
y en lluvia baja hasta el mar.

Y el agua aquel ritornelo
de mi amor, que sin cesar
en sueños sube hasta el cielo
y en llanto baja hasta el mar.

¡Qué día
tan largo...
y qué camino
tan áspero...
qué largo es todo,
qué largo...
qué largo es todo
y qué áspero!
En el cielo
está clavado
el sol,
iracundo y alto;
la tierra es toda llanura... llanura... toda llanura...
y en la llanura... ni un árbol.
Voy
tan cansado
que pienso en una sombra cualquiera.
Quiero descanso... descanso... sólo descanso...
¡dormir!... Y lo mismo me da ya
bajo un ciprés que bajo un álamo.

No es lo que me trae cansado
este camino de ahora...
No cansa
una vuelta sola,
cansa el estar todo un día,
hora tras hora,
y día tras día un año
y año tras año una vida dando vueltas a la noria.

¡Oh estas jornadas siniestras,
Señor... estas jornadas siniestras
en que mis ojos empiezan
a verlo todo en la tierra
igual y al fin no hallan diferencia
entre la luz de una venta
y el resplandor de una estrella!
¡Oh, estas jornadas siniestras
Señor... estas jornadas siniestras
en que nada me consuela,
ni me alienta,
ni me eleva!...
Nada, Señor: nada, nada... ni Tú... ni la Belleza...
Si en estas horas siniestras
me da igual ser o no ser poeta...
y ya no hallo diferencia
entre un verso y una blasfemia.

¿Qué más da ser Rey
que ir de puerta en puerta?
¿Qué va
de miseria a miseria?...

—No andes errante
y busca tu camino...
Dejadme...
ya vendrá un viento fuerte que me lleve a mi sitio.

PIEDRA DE SAL

Tú estabas dormida
como el agua que duerme en la alberca...
y yo llegué a ti
como llega
hasta el agua que duerme
la piedra.
Turbé tu remanso y en ondas de amor te quebraste
como en ondas el agua que duerme se quiebra
cuando
llega
a turbar su remanso dormido
la piedra.

Piedra fui para ti, piedra soy
y piedra quiero ser, pero piedra
blanda de sal
que al llegar a ti se disuelva
y en tu cuerpo quede,
y sea
como la levadura de tu carne
y como el hierro de la sangre de tus venas.
Y en tu alma deje una sed infinita
de amarlo todo... y una sed de belleza
insaciable...
eterna...

ALTURAS

Yo no distingo ya
desde un piso cuarto
un cetro de oro
de un bordón de palo.

Y pienso que a mil metros,
desde el vuelo perdido de los pájaros,
debe de ser lo mismo
la toca de una bruja que el capuchón de un santo.

Y que allá de ese vuelo
más alto... muchísimo más alto,
desde el sitio de Dios,
fuera del tiempo y del espacio,
el hombre no se verá ya
ni grande ni chico, ni bueno ni malo.

VERSOS Y ORACIONES DE CAMINANTE

Libro Segundo

(1930)

POETA

Ni de tu corazón,
ni de tu pensamiento,
ni del horno divino de Vulcano
han salido tus alas.
Entre todos los hombres las labraron
y entre todos los hombres en los huesos
de tus costillas las hincaron.
La mano más humilde
te ha clavado
un ensueño...
una pluma de amor en el costado.

Sin embargo,
en este mundo nuevo
nada impondrá estas normas
a mi verso.

El ruido de las hélices
de ese abejorro enorme
de aluminio y de lienzo
es el zumbido familiar y antiguo
que viene de los sueños
de todos los poetas.
Y son *ellos*... *ellos:*
los motores, las ruedas
y los émbolos
los que marchan al ritmo
de mi verso.

PIE PARA EL NIÑO DE VALLECAS
DE VELÁZQUEZ

Bacía, Yelmo, Halo... Éste es el orden, Sancho.

De aquí no se va nadie.

Mientras esta cabeza rota
del niño de Vallecas exista,
de aquí no se va nadie. Nadie.
Ni el místico ni el suicida.

Antes hay que deshacer este entuerto,
antes hay que resolver este enigma.
Y hay que resolverlo entre todos,
y hay que resolverlo sin cobardías,
sin huir
con unas alas de percalina
o haciendo un agujero
en la tarima.
De aquí no se va nadie. Nadie.
Ni el místico, ni el suicida.

Y es inútil,
inútil toda huida
(ni por abajo
ni por arriba).
Se vuelve siempre. Siempre.
Hasta que un día (¡un buen día!)
el yelmo de Mambrino
—halo ya, no yelmo ni bacía—
se acomode a las sienes de Sancho
y a las tuyas y a las mías
como pintiparado,
como hecho a la medida.

Entonces nos iremos Todos
por las bambalinas:
Tú y yo y Sancho y el niño de Vallecas
y el místico y el suicida.

ORACIÓN

A mouse is miracle enough to stagger
six trillions of infidels.

WALT WHITMAN

Señor,
yo te amo
porque juegas limpio:
Sin trampas —sin milagros—;
porque dejas que salga
paso a paso,
sin trucos —sin utopías—;
carta a carta,
sin cambiazos,
tu formidable
solitario.

Más sencilla... más sencilla.
Sin barroquismo,
sin añadidos ni ornamentos.
Que se vean desnudos
los maderos,
desnudos
y decididamente rectos.

"Los brazos en abrazo hacia la tierra,
el ástil disparándose a los cielos."

Que no haya un solo adorno
que distraiga este gesto...
este equilibrio humano
de los dos mandamientos.
Más sencilla... más sencilla...
haz una cruz sencilla, carpintero.

DROP A STAR

Poema en Tres Cantos, un Prólogo y un Epílogo
(1933)

Ésta es la cuarta variante de *Drop a Star*. La cuarta variante impresa. El poema lo he hecho y lo he rehecho muchas veces buscando una expresión más organizada y más clara. Y creo que éste no es aún su desarrollo definitivo. Le publico así por encontrarme de nuevo con la cooperación de la crítica.

No es un poema surrealista ni criptográfico. Aquí no hay clave. Hay, sí, un esfuerzo sostenido por ordenar mi mundo poemático —"ahumado y roto como un *film* quemado", como esta hora del mundo—. El poeta trabaja hoy también en la sombra, como todos.

> Polvo es el aire,
> polvo de carbón apagado.

No creo, sin embargo, que sea necesario pagar la entrada con el precio de un esfuerzo excesivo. Tal vez basten un poco de simpatía y una hora sin prisas.

El poema tiene una estructura cinematográfica y la separación doble de los versos indica un cambio en el espacio y en el tiempo.

Drop a Star significa dejad caer una estrella, echad una estrella, y aquí tiene un sentido metafórico que arranca de la expresión "Drop a coin" (dejad caer una moneda, echad una moneda), con que nos advierten en Norteamérica esas máquinas de ranura (*slot machines*) antes de hacerlas funcionar.

Eran necesarias estas expresiones en inglés porque el poema nace con ellas y por ellas. Su origen y su extensión dan una curva más amplia a mi pensamiento. Por lo demás, sigo fiel a mi antigua estética:

> No busco el verbo raro
> ni la palabra extraña...

L. F.

PRÓLOGO

Primer nacimiento

Bajo aquel signo —un clarín—
aquella noche en el cielo
llamaron a mi alma las estrellas.
Apareció encendida, alegre,
y se echó loca por la baranda del viento.
A la puerta del mundo
la esperaba su caballo ciego.

Caballo de eje y yugo,
caballo de noria y carrousel,
de vuelta,
vuelta,
vuelta...,
de vuelta en luz y sombra,
de vuelta en noche y día,
de vuelta en llanto y cascabel.

Por la luz libre
y blanca, blanca, siempre blanca,
caballito ciego, tú no puedes correr.

(Señor,
por hoy que no me espere nadie en la otra orilla
y que se acueste el sol.)

I

Un perro negro duerme sobre la luz

Ronca,
negra es la voz del hombre.

¿No es el mundo un gran cántaro obscuro y vano
con una boca estrecha allá en la luna
que alguien tapa y destapa
y deja a veces entreabierta?
¡Aaah!... ¡Oooooh!... Es mi voz.
Es mi voz y tu voz. Nuestra voz,
nuestra voz aquí dentro,
nuestra voz aquí abajo,
nuestra voz ronca que retumba
contra el cóncavo barro de este cántaro hueco,
nuestra voz negra que golpea vencida
en la panza obscura del mundo,
en el vientre ceniciento de todos los horizontes apagados,
y los hombros de mi canción no pueden levantar.
Ronca,
negra es la voz del hombre.
Yo no ahueco la voz para asustaros.
Yo digo secamente:

¡Oh, y cómo veríamos el mundo,
la desnudez, la transparencia de la Verdad y la Belleza
si no estuviese ahí,
tumbado en el aire,
manchando la luz,
mordiendo mis ojos,
el humo,
el perro negro de la injusticia humana!

De aquí,
de mis plantas,
sólo de mis plantas
sube hollín suficiente para estrangular el sol.

(Polvo es el aire, polvo
de carbón apagado.)

Nadie nos ve.
Rompe ya tus señales y rasga tus banderas, marinero.

Nadie nos ve.
¿A quién guiña aquel faro presumido?
Lo tumbará el mar,
y quedará allí, apagado como una colilla,
pisoteado por el desprecio y la saliva de las olas.

Nadie nos ve.
El viento ha metido la ceniza de nuestros pecados
en los párpados de las estrellas.

Bájate de esa torre
y no mires más por ese canuto de latón.
¡Espanta ese perro!
¡Ahuyenta ese humo!

Jamás nos alumbraron los ojos de una estrella.
Para buscar lo que buscamos (¿Dónde está mi sortija?)
una cerilla es buena... y la luz del gas,
y la maravillosa luz eléctrica...
Jamás nos alumbraron los ojos de una estrella.

Y no vemos nada.
Las esquinas del mundo, todas
las esquinas del mundo
están rotas por las cachavas de los ciegos.

—¿Qué hora es?... ¿Dónde estoy?
¿Anda o está parado el reloj del Consistorio?
Y aquello que ondea sobre la torre de Palacio
¿es una bandera o es la camisa del Presidente?
—"Unge tus ojos con colirio para que veas."

¡Ja!, ¡ja!, ¡ja!
Esa risa,
esa risa mecánica,
esa risa de Hollywood, esa risa que viene entre la sombra
tiene un hilo de sangre
y una baba amarilla
en su boca epiléptica.

Negro el silbo del norte mete en las casas
un remolino de pavesas y de harapos
y pone un friso procesional de hambre y de miseria
sobre el mármol de los vestíbulos.
Y aquel mendigo chino
golpeando allí en la puerta del hotel por una rebanada de pan.
De allí vienen las ávidas miradas
que tiznan las servilletas de los pechos,
y ensucian la blancura de los manteles...
(Polvo es el aire, polvo
de carbón apagado.)
Y no sirve de nada
que pataleen desesperados
los grandes ventiladores
en el techo del restorán:
comerás la sopa negra.

No es verdad.
Yo no ahueco la voz para asustaros.
—¿Voy a vestir de luto las tinieblas?—
Yo digo secamente: Poetas,
para alumbrarnos
quemamos el azúcar de las viejas canciones
con un poco de ron.
Y aun andamos colgados de la sombra.
Oíd,
gritan desde la torre sin vanos de la frente:
"¿Quién soy yo?
¿Me he escapado de un sueño o navego hacia un sueño?
¿Huí de la casa del Rey o busco la casa del Rey?
¿Soy el príncipe esperado o el príncipe muerto?
¿Se enrolla o se desenrolla el film?
Este túnel, ¿me trae o me lleva?
¿Me aguardan los gusanos o los ángeles?
Mi vida está en el aire
dando vueltas, ¡miradla!,
como una moneda que decide...
¿Cara o cruz?

¿Quién quiere decirme quién soy?"
¿Oísteis? Es la nueva canción...
y la vieja canción.
¡Nuestra pobre canción!
"¿Quién soy yo?"...

Yo no soy nadie: un hombre
con un grito de estopa en la garganta
y una gota de asfalto en la retina.
Yo no soy nadie. Y, no obstante estas manos
mis antenas de hormiga, han ayudado
a clavar la lanza en el costado del mundo
y detrás de la lupa de la luna
hay un ojo que me ve como a un microbio
royendo el corazón de la tierra.
Tengo ya cien mil años, y hasta ahora
no he encontrado otro mástil de más fuste
que el silencio y la sombra donde colgar mi orgullo.
Tengo ya cien mil años
y mi nombre en el cielo se escribe con lápiz.
El agua, por ejemplo, es más noble que yo.
Por eso las estrellas se duermen en el mar
y mi frente romántica es áspera y opaca.
Detrás de mi frente —escuchad esto bien—,
detrás de mi frente hay un viejo dragón:
el sapo negro que saltó de la primera charca del mundo
y está aquí, agazapado en mis sesos,
sin dejarme ver el amor y la justicia.
Yo no soy nadie.

Y no ahueco la voz para asustaros.
Siempre fue sorda mi canción.
Ahora es seca además, seca como una ley
y ahumada y rota como un film quemado
como esta hora del mundo.

Y digo secamente.
Registrad este hecho:

a aquel hombre sin piernas, del carrito,
que cruzaba una noche Wall Street,
remando en las baldosas con unos palitroques
bajo el silencio de los rascacielos solitarios,
lo he visto aquí en la plaza esta mañana
a la sombra de una palmera.

¿Más alto?... ¿Quién ha dicho más alto?
Desgarraré mi voz porque alguien no ha oído bien.
Encenderé la estopa sorda de mi grito,
reventaré mi voz, esta voz (la mía, la tuya).
Esta voz ronca que golpea vencida
en el vientre negro del mundo,
en el cóncavo barro de este cántaro obscuro,
en la curva cenicienta de todos los horizontes apagados...
Escuchad ahora bien:

Ubicua es la injusticia de los hombres...
(Polvo es el aire, polvo
de carbón apagado.)
Lo invade todo.
Lo ennegrece, lo corroe, lo afea todo
como este aliento húmedo del mar.
Y si está ahí en el viento, tumbado en la luz
ese perro negro que muerde nuestros ojos,
ese humo que infla nuestro globo,
que ciega las estrellas y que estrangula el sol,
que tizna mi sonrisa y mi garganta,
que se mete en mi sangre,
que sube a mi cerebro,
y abre y cierra la puerta de mi corazón...
mis poemas y todos los poemas del mundo
—¡oh, Poesía pura!—
tendrán una verruga violácea en la frente.

Drop a Star

¿Dónde está la estrella de los Nacimientos?
La tierra, encabritada, se ha parado en el viento.
Y no ven los ojos de los marineros.
Aquel pez —¡seguidle!—
se lleva, danzando,
la estrella polar.

El mundo es una *slop-machine*,
con una ranura en la frente del cielo,
sobre la cabecera del mar.
(Se ha parado la máquina,
se ha acabado la cuerda.)
El mundo es algo que funciona
como el piano mecánico de un bar.
(Se ha acabado la cuerda,
se ha parado la máquina...)
                              Marinero,
tú tienes una estrella en el bolsillo...
            ¡Drop a star!
Enciende con tu mano la nueva música del mundo,
la canción marinera de mañana,
el himno venidero de los hombres...
            ¡Drop a star!
Echa a andar otra vez este barco varado, marinero.
Tú tienes una estrella en el bolsillo...
una estrella nueva de paladio, de fósforo y de imán.

III

Segundo nacimiento
(heroísmo)

¡Drop a star!
Pero no se acabará entonces (refrenad la alegría)

se irá haciendo más grande la tragedia del mundo.
¡Y más heroica también!

Marinero,
zancos de mástiles
serán nuestros coturnos algún día.
Y de sierras más altas
bajará nuestro llanto.

No lloraremos de los ojos.
Secas ya nuestras cuencas,
acequias no tendrán los cementerios.
Se agostarán las tumbas,
legislará la vida...
Y habrá esta acotación en la tragedia:
Tú (Yo), pobre hombre, sin músculos ni fe,
que no alcanzas
a ponerle una rosa en el pecho a la vida,
sal por la puerta de la izquierda.
Se vuelve siempre, no te asustes.
Es la puerta del fundidor y el alfarero.
Haz un mutis diciendo: Un momento, señores,
en seguida regreso,
voy a buscar una escalera.
Es la puerta del horno. Grita: "¡Eh!"
Toda la noche el panadero duerme,
y yo soy ya una torta requemada,
a la que no se ha dado vuelta.
Y también es la puerta del molino.
Sólo por esta curva
humana de mis labios
¡qué miríadas de veces
no ha pasado mi carne
por la tolva del mundo!
Sobre los muertos, ni una lágrima.
Ni una yerba en la tumba del mejor.
El muchacho que se fue tras los antílopes
regresará también.
Que les quiten los pañuelos a las madres.

Nuestras lágrimas tendrán un origen más ilustre.
Será más alta nuestra pena
y más noble nuestro lamento.
El oro de nuestra angustia
hará de cobre sucio
todo el caudal de Lear y de Job.

No habrá dolor de hambre.
Aquel mendigo chino
ya no estará a la puerta del hotel
golpeando allí por una rebanada de pan.
Estará en la pirámide
en la giba más alta de la Sierra Madre
golpeando en el cielo,
en la puerta del cielo,
en el pecho de Dios
por una rebanada de luz.

Tú ya no te llamarás Juan, ni te dolerá el hígado.
Te llamarás Edipo. Y dirás:
"Ese grito,
ese grito de huelga,
ese grito de estopa,
ese grito de ¡abajo! y ¡muera!, ¿contra quién?
¿Contra quién ese grito?
¿Quién es el príncipe bastardo?..."
Estrellas,
sólo estrellas,
estrellas dictadoras nos gobiernan.

No habrá gritos de estopa.
Todas las lenguas en un salmo único:
abridme las puertas de justicia. ¿Quién soy yo?
Todas las lenguas en un salmo único,
y todas las manos en un ariete solo
para derribar la noche
y echar de nosotros la sombra.

Se cambiarán de sitio nuestras llagas,
nos dolerá otra carne...
y de sierras más frías brotará nuestro llanto.

Habrá dolor de entrañas fecundadas
por llamadas invisibles.
Habrá dolor de ojos azotados
por látigo de luces
escondidos ahora
en los negros rincones del espectro.
De tímpanos heridos
por los cascos remotos del viento.
De cerebros encinta,
de cabezas horadadas
por el pico de la vigilia...
Y alguien dirá:
El alma necesita un buen albergue,
talaremos los cubiles y las chozas,
y que no edifiquen el pus y la lascivia.

Habrá gritos de partos insólitos
de membranas ocultas desgarradas,
de piel que se abre para dar salida
a una quilla,
a una pluma,
a un poema sin verruga.
Y se dirá del hombre:
está empezando a echar las alas,
como ahora se dice del niño:
está empezando a echar los dientes.
No habrá dolor de encías...,
habrá dolor de omóplatos laminados.

No lloraremos hacia abajo.
Los quejidos del hombre
irán más altos
en el cielo de la noche
que el taladro de las sirenas.

Los oirá la luna
(zancos de mástiles
serán nuestros coturnos aquel día)
que correrá despavorida,
más pálida que nunca,
a despertar a las estrellas gritando:
el Hombre,
el Hombre,
ya viene el Hombre.

Entonces me iré.
Será el tiempo del vuelo y de la huida,
de abrir con la quilla, con la almendra de la razón
desesperada, ciega, rota,
el malecón de la frente;
de limar los grillos,
de matar al dragón,
de romper este cántaro,
de salir de la rueda,
de tomar la tangente,
de escapar,
de escaparse de estas aguas roturadas,
estancadas,
espejos embusteros de las estrellas,
y entrar de lleno en el mar abierto de la locura.
¡La locura es la Gracia!
De llegar al filo de todos los caminos,
y en la última ruta de la carne
que se quiebra en la arista de los abismos
tirar por la borda,
por encima del hombro, como cáscaras de nuez,
las viejas herramientas inútiles
—la piqueta y el metro—.
Y desnudo,
completamente desnudo,
dejándome la camisa y la piel
en el último árbol de los acantilados
(sin miedos

esperé cien mil siglos a que hablara la esfinge),
sin gritos y sin lágrimas
(me he olvidado la voz en el viento
y el llanto en el mar),
sin ojos y sin tímpanos,
para no sentir
el negro silbo del norte
y el vuelo negro de la luz...,
saltar.
Y caer, caer, caer...
(¿Hacia arriba?... ¿Hacia abajo?...
¿Cuál es la mano derecha del sol?
¿De qué partido es el abismo?
¿A qué lado cae el infinito?)

¡Señor, Señor!
Estás ahí, lo sé,
en los repliegues de la locura.
Te busqué en la otra playa y no te vi.
Recíbeme, Señor,
en tus brazos abiertos
para que no me deje los sesos de la sinrazón,
mi última esperanza,
en la última losa de la nada.

Entonces
podrás mandar cortar mi cabeza, Señor.
Tendrás, al fin, una cosecha espléndida
de manzanas sin gusano,
oro encendido
para nuevas constelaciones...

Entonces, entonces
podrás hacer que nazcan las estrellas
bajo el signo de los hombres,
Señor...

EPÍLOGO

RETORNO
(DEL SUEÑO, DE LOS SUEÑOS)

Tic-tac, tic-tac, tic-tac...
Otra vez el reloj.

¡Qui-qui-ri-quí!...
Y el gallo en la veleta de la aurora
quebrando albores y quebrando sueños.
Y quebrando también esta canción.

¡Qui-qui-ri-quí!...
Y su pico euclidiano
—pico de Prometeo— sobre mi corazón.

Aquí en mi pecho el tiempo.
(Tic-tac, tic-tac, tic-tac.)
Otra vez el reloj.

¡Qui-qui-ri-quí!...
Ya vuelven los pescadores de la noche.
Calla, calla, caracola del Sol.
Entre la niebla de los sueños
y por las ondas del cerebro
—mar en revuelta—
en su barquilla vieja
a tumbos, de nuevo, entra en la vida la razón.

Y tic-tac, tic-tac, tic-tac... ¡Qui-qui-ri-quí!
El gallo y el reloj.
El coro de lacayos que se ríe
al ver llegar a casa (—¿de dónde?)
borracho a su señor.

(—Más allá de mi frente
y más allá del sol
hay una tierra blanca siempre
sin gallo y sin reloj.)

LA INSIGNIA

Alocución poemática
(1937)

¿HABÉIS hablado ya todos?
¿Habéis hablado ya todos los españoles?
Ha hablado el gran responsable revolucionario,
y los pequeños responsables;
ha hablado el alto comisario,
y los comisarios subalternos;
han hablado los partidos políticos,
han hablado los gremios,
los Comités
y los Sindicatos;
han hablado los obreros y los campesinos;
han hablado menestrales:
ha hablado el peluquero,
el mozo de café
y el limpiabotas.
Y han hablado los eternos demagogos también.
Han hablado todos.
Creo que han hablado todos.
¿Falta alguno?

¿Hay algún español que no haya pronunciado su palabra?...
¿Nadie responde?... (Silencio.)
Entonces falto yo sólo.
Porque el poeta no ha hablado todavía.
¿Quién ha dicho que ya no hay poetas en el mundo?
¿Quién ha dicho que ya no hay profetas?

Un día los reyes y los pueblos,
para olvidar su destino fatal y dramático
y para poder suplantar el sacrificio con el cinismo y con la
    pirueta
sustituyeron al profeta por el bufón.
Pero el profeta no es más que la voz vernácula de un pueblo,
la voz legítima de su Historia,
el grito de la tierra primera que se levanta en el barullo
    del mercado sobre el vocerío de los traficantes.

Nada de orgullos
ni jerarquías divinas ni genealogías eclesiásticas.
La voz de los profetas —recordadla—
es la que tiene más sabor de barro.
De barro,
del barro que ha hecho al árbol —al naranjo y al pino—
del barro que ha formado
nuestro cuerpo también.
Yo no soy más que una voz —la tuya, la de todos—
la más genuina
la más general
la más aborigen ahora,
la más antigua de esta tierra.
La voz de España que hoy se articula en mi garganta como
  pudo articularse en otra cualquiera.
Mi voz no es más que la onda de la tierra,
de nuestra tierra,
que me coge a mí hoy como una antena propicia.
Escuchad,
escuchad, españoles revolucionarios,
escuchad de rodillas.
No os arrodilléis ante nadie.
Os arrodilléis ante vosotros mismos,
ante vuestra misma voz,
ante vuestra misma voz que casi habíais olvidado.
De rodillas. Escuchad.
Españoles,
españoles revolucionarios,
españoles de la España legítima,
que lleva en sus manos el mensaje genuino de la raza para
  colocarle humildemente en el cuadro armonioso de la
  Historia Universal de mañana, y junto al esfuerzo gene-
  roso de todos los pueblos del mundo...
escuchad:

Ahí están —miradlos—,
ahí están, los conocéis bien.
Andan por toda Valencia,

están en la retaguardia de Madrid
y en la retaguardia de Barcelona también.
Están en todas las retaguardias.
Son los Comités,
los partidillos,
las banderías,
los Sindicatos,
los guerrilleros criminales de la retaguardia ciudadana.
Ahí los tenéis.
abrazados a su botín reciente,
guardándole,
defendiéndole,
con una avaricia que no tuvo nunca el más degradado
    burgués.
¡A su botín!
¡Abrazados a su botín!
Porque no tenéis más que botín.
No le llaméis ni incautación siquiera.

El botín se hace derecho legítimo cuando está sellado por
    una victoria última y heroica.
Se va de lo doméstico a lo histórico,
y de lo histórico a lo épico.
Éste ha sido siempre el orden que ha llevado la conducta
    del español en la Historia,
en el ágora
y hasta en sus transacciones,
que por eso se ha dicho siempre que el español no aprende
    nunca bien el oficio de mercader.
Pero ahora,
en esta revolución,
el orden se ha invertido.
Habéis empezado por lo épico,
habéis pasado por lo histórico
y ahora aquí,
en la retaguardia de Valencia,
frente a todas las derrotas,
os habéis parado en la domesticidad.

Y aquí estáis anclados,
Sindicalistas,
Comunistas,
Anarquistas,
Socialistas,
Trotskistas,
Republicanos de Izquierda...
Aquí estáis anclados,
custodiando la rapiña
para que no se la lleve vuestro hermano.
La curva histórica del aristócrata, desde su origen popular
y heroico, hasta su última degeneración actual, cubre en
España más de tres siglos.
La del burgués, setenta años.
Y la vuestra, tres semanas.

¿Dónde está el hombre?
¿Dónde está el español?
Que no he de ir a buscarle al otro lado.
El otro lado es la tierra maldita, la España maldita de Caín
aunque la haya bendecido el Papa.
Si el español está en algún sitio, ha de ser aquí.
Pero, ¿dónde, dónde?...
Porque vosotros os habéis parado ya
y no hacéis más que enarbolar todos los días nuevas ban-
deras con las camisas rotas y con los trapos sucios de
la cocina.
Y si entrasen los fascistas en Valencia mañana, os encon-
trarían a todos haciendo guardia ante las cajas de caudales.
Esto no es derrotismo, como decís vosotros.

Yo sé que mi línea no se quiebra,
que no la quiebran los hombres,
y que tengo que llegar hasta Dios para darle cuenta de algo
que puso en mis manos cuando nació la primera sustancia
española.
Esto es lógica inexorable.
Vencen y han vencido siempre en la Historia inmediata, el

pueblo y el ejército que han tenido un punto de convergencia, aunque este punto sea tan endeble y tan absurdo como una medalla de aluminio bendecida por un cura sanguinario.

Es la insignia de los fascistas.

Esta medalla es la insignia de los fascistas.

Una medalla ensangrentada de la Virgen.

Muy poca cosa.

Pero, ¿qué tenéis vosotros ahora que os una más?

Pueblo español revolucionario,

¡estás solo!

¡Solo!

Sin un hombre y sin un símbolo.

Sin un emblema místico donde se condense el sacrificio y la disciplina.

Sin un emblema solo donde se hagan bloque macizo y único todos tus esfuerzos y todos tus sueños de redención.

Tus insignias,

tus insignias plurales y enemigas a veces, se las compras en el mercado caprichosamente al primer chamarilero de la Plaza de Castelar,

de la Puerta del Sol

o de las Ramblas de Barcelona.

Has agotado ya en mil combinaciones egoístas y heterodoxas todas las letras del alfabeto.

Y has puesto de mil maneras diferentes, en la gorra y en la zamarra

el rojo

y el negro,

la hoz,

el martillo

y la estrella.

Pero aún no tienes una estrella SOLA,

después de haber escupido y apagado la de Belem.

Españoles,

españoles que vivís el momento más trágico de toda nuestra Historia,

¡estáis solos!
¡Solos!
El mundo,
todo el mundo es nuestro enemigo, y la mitad de nuestra
  sangre —la sangre podrida y bastarda de Caín— se ha
  vuelto contra nosotros también.
¡Hay que encender una estrella!
¡Una sola, sí!

Hay que levantar una bandera.
¡Una sola, sí!
Y hay que quemar las naves.
De aquí no se va más que a la muerte o a la victoria.
Todo me hace pensar que a la muerte.
No porque nadie me defiende,
sino porque nadie me entiende.
Nadie entiende en el mundo la palabra "justicia". Ni vos-
  otros siquiera.
Y mi misión era estamparla en la frente del hombre
y clavarla después en la Tierra
como el estandarte de la última victoria.
Nadie me entiende.
Y habrá que irse a otro planeta
con esta mercancía inútil aquí,
con esta mercancía ibérica y quijotesca.
¡Vamos a la muerte!
Sin embargo,
aún no hemos perdido aquí la última batalla,
la que se gana siempre pensando que ya no hay más salida
  que la muerte.
¡Vamos a la muerte!
Éste es nuestro lema.
¡A la muerte!
Éste es nuestro lema.
Que se despierte Valencia y que se ponga la mortaja.

¡Gritad,
gritad todos!

72

Tú, el pregonero y el *speaker*
echad bandos,
encended las esquinas con letras rojas
que anuncien esta sola proclama:
¡Vamos a la muerte!
Vosotros, los Comisarios, los capitanes de la Censura,
envainad vuestra espada,
guardad vuestro lápiz rojo
y abrid a este grito las puertas del viento:
¡Vamos a la muerte!
Que lo oigan todos. Todos.
Los que trafican con el silencio
y los que trafican con las insignias.
Chamarileros de la Plaza de Castelar,
chamarileros de la Puerta del Sol,
chamarileros de las Ramblas de Barcelona
destrozad,
quemad vuestra mercancía.

Ya no hay insignias domésticas,
ya no hay insignias de latón.
Ni para los gorros
ni para las zamarras.
Ya no hay cédulas de identificación.
Ya no hay más cartas legalizadas
ni por los Comités
ni por los Sindicatos.
¡Que les quiten a todos los carnets!
Ya no hay más que un emblema,
ya no hay más que una estrella,
una sola, SOLA, y ROJA, SÍ,
pero de sangre y en la frente,
que todo español revolucionario ha de hacérsela
hoy mismo,
ahora mismo
y con sus propias manos.
Preparad los cuchillos,
aguzad las navajas,

calentad al rojo vivo los hierros.
Id a las fraguas.
Que os pongan en la frente el sello de la justicia.

Madres,
madres revolucionarias,
estampad este grito indeleble de justicia
en la frente de vuestros hijos.
Allí donde habéis puesto siempre vuestros besos más limpios.
(Esto no es una imagen retórica.
Yo no soy el poeta de la retórica.
Ya no hay retórica.
La revolución ha quemado
todas las retóricas.)

Que nadie os engañe más.
Que no haya pasaportes falsos
ni de papel
ni de cartón
ni de hojadelata.
Que no haya más disfraces
ni para el tímido
ni para el frívolo
ni para el hipócrita
ni para el clown
ni para el comediante.
Que no haya más disfraces
ni para el espía que se sienta a vuestro lado en el café,
ni para el emboscado que no sale de su madriguera.
Que no se escondan más en un indumento proletario esos
   que aguardan a Franco con las últimas botellas de cham-
   pán en la bodega.
Todo aquel que no lleve mañana este emblema español
   revolucionario, este grito de ¡Justicia!, sangrando en la
   frente, pertenece a la Quinta Columna.

Ninguna salida ya
a las posibles traiciones.

Que no piense ya nadie
en romper documentos comprometedores
ni en quemar ficheros
ni en tirar la gorra a la cuneta
en las huidas premeditadas.
Ya no hay ʟhuidas;
en España ya no hay más que dos posiciones fijas e
    inconmovibles.
Para hoy y para mañana.
La de los que alzan la mano para decir cínicamente: Yo
    soy un bastardo español,
y la de los que la cierran con ira para pedir justicia bajo
    los cielos implacables.
Pero ahora este juego de las manos ya no basta tampoco.
Hace falta más.
Hacen falta estrellas, sí, muchas estrellas
pero de sangre,
porque la retaguardia tiene que dar la suya también.

Una estrella de sangre roja,
de sangre roja española.
Que no haya ya quien diga:
esa estrella es de sangre extranjera.
Y que no sea obligatoria tampoco.
Que mañana no pueda hablar nadie de imposiciones,
que no pueda decir ninguno que se le puso una pistola en
    el pecho.
Es un tatuaje revolucionario, sí.
Yo soy revolucionario,
España es revolucionaria,
Don Quijote es revolucionario.
Lo somos todos, todos.
Todos los que sienten este sabor de justicia que hay en
    nuestra sangre y que se nos hace hiel y ceniza cuando
    sopla el viento del Norte.

Es un tatuaje revolucionario,
pero español.

Y heroico también.

Y voluntario además.

Es un tatuaje que buscamos sólo para definir nuestra fe.

No es más que una definición de fe.

Hay dos vientos hoy que sacuden furiosos a los hombres
de España,

dos ráfagas fatales que empujan a los hombres de Valencia.

El viento dramático de los grandes destinos, que arrastra
a los héroes a la victoria o a la muerte,

y la ráfaga de pánicos incontrolables que se lleva la carne
muerta y podrida de los naufragios a las playas de la
cobardía y del silencio.

Hay dos vientos, ¿no los oís?

Hay dos vientos, españoles de Valencia.

El uno va a la Historia.

El otro va al silencio.

El uno va a la épica,

el otro a la vergüenza.

Responsables:

El gran responsable y los pequeños responsables:

Abrid las puertas,

derribad las vallas de los Pirineos.

Dadle camino franco

a la ráfaga amarilla de los que tiemblan.

Una vez más veré el rebaño de los cobardes huir hacia el
ludibrio.

Una vez más veré en piara la cobardía.

Os veré otra vez,

asaltando, con los ojos desorbitados, los autobuses de la
evacuación.

Os veré otra vez

robándole el asiento

a los niños y a las madres.

Os veré otra vez.

Pero vosotros os estaréis viendo siempre.

Un día moriréis fuera de vuestra patria. En la cama tal vez.
En una cama de sábanas blancas, con los pies desnudos

(no con los zapatos puestos, como ahora se muere en España), con los pies desnudos y ungidos, acaso, con los óleos santos. Porque moriréis muy santamente, y de seguro con un crucifijo y con una oración de arrepentimiento en los labios. Estaréis ya casi con la muerte, que llega siempre. Y os acordaréis —¡claro que os acordaréis!— de esta vez que la huisteis y la burlasteis, usurpándole el asiento a un niño en un autobús de evacuación. Será vuestro último pensamiento. Y allá, al otro lado, cuando ya no seáis más que una conciencia suelta, en el tiempo y en el espacio, y caigáis precipitados al fin en los tormentos dantescos —porque yo creo en el infierno también— no os veréis más que así,
siempre, siempre, siempre,
robándole el asiento a un niño en un autobús de evacuación.
El castigo del cobarde ya sin paz y sin salvación por toda la eternidad.
No importa que no tengas un fusil,
quédate aquí con tu fe.
No oigas a los que dicen: la huida puede ser una política.
No hay más política en la Historia que la sangre.
A mí no me asusta la sangre que se vierta,
a mí me alegra la sangre que se vierte.
Hay una flor en el mundo que sólo puede crecer si se la riega con sangre.
La sangre del hombre
está hecha no sólo para mover su corazón
sino para llenar los ríos de la Tierra,
las venas de la Tierra
y mover el corazón del mundo.

¡Cobardes; hacia los Pirineos, al destierro!
¡Héroes: a los frentes, a la muerte!
Responsables:
el grande y los pequeños responsables:
organizad el heroísmo,
unificad el sacrificio.
Un mundo único. Sí.

Pero para el último martirio.

¡Vamos a la muerte!

Que lo oiga todo el mundo.

Que lo oigan los espías.

¿Qué importa ya que lo oigan los espías?

Que lo oigan *ellos*, los bastardos.

¿Qué importa ya que lo oigan los bastardos?

¿Qué importan ya todas esas voces de allá abajo,

si empezamos a cabalgar sobre la épica?

A estas alturas de la Historia ya no se oye nada.

Se va hacia la muerte...

y abajo queda el mundo de las raposas,

y de los que pactan con las raposas.

Abajo quedas tú, Inglaterra,

vieja raposa avarienta,

que tienes parada la Historia de Occidente hace más de
tres siglos,

y encadenado a Don Quijote.

Cuando acabe tu vida

y vengas ante la Historia grande

donde te aguardo yo,

¿qué vas a decir?

¿Qué astucia nueva vas a inventar entonces para engañar a
Dios?

¡Raposa!

¡Hija de raposos!

Italia es más noble que tú.

Y Alemania también.

En su rapiña y en sus crímenes

hay un turbio hálito nietzscheano de heroísmo en el que no
pueden respirar los mercaderes,

un gesto impetuoso y confuso de jugárselo todo a la última
carta, que no pueden comprender los hombres pragmáticos.

Si abriesen sus puertas a los vientos del mundo,

si las abriesen de par en par

y pasasen por ellas la Justicia

y la Democracia Heroica del Hombre,

yo pactaría con las dos para echar sobre tu cara de vieja
raposa sin dignidad y sin amor,
toda la saliva y todo el excremento del mundo.
¡Vieja raposa avarienta:
has escondido,
soterrado en el corral,
la llave milagrosa que abre la puerta diamantina de la
Historia...
No sabes nada.
No entiendes nada y te metes en todas las casas
a cerrar las ventanas
y a cegar la luz de las estrellas!
Y los hombres te ven y te dejan.
Te dejan porque creen que ya se le han acabado los rayos a
Júpiter.
Pero las estrellas no duermen.
No sabes nada.
Has amontonado tu rapiña detrás de la puerta, y tus hijos,
ahora, no pueden abrirla para que entren los primeros
rayos de la nueva aurora del mundo.
Vieja raposa avarienta,
eres un gran mercader.
Saber llevar muy bien
las cuentas de la cocina
y piensas que yo no sé contar.
Sí sé contar,
he contado mis muertos.
Los he contado todos,
los he contado uno por uno.
Los he contado en Madrid,
los he contado en Oviedo,
los he contado en Málaga,
los he contado en Guernica,
los he contado en Bilbao...
Los he contado en todas las trincheras,
en los hospitales,
en los depósitos de los cementerios,
en las cunetas de las carreteras,

en los escombros de las casas bombardeadas.
Contando muertos este otoño por el paseo de El Prado, creí
    una noche que caminaba sobre barro, y eran sesos
    humanos que tuve por mucho tiempo pegados a las suelas
    de mis zapatos.
El 18 de noviembre, sólo en un sótano de cadáveres, conté
    trescientos niños muertos...
Los he contado en los carros de las ambulancias,
en los hoteles,
en los tranvías,
en las mañanas lívidas,
en las noches negras sin alumbrado y sin estrellas...
y en tu conciencia todos...
Y todos te los he cargado a tu cuenta.
¡Ya ves si sé contar!
Eres la vieja portera del mundo de Occidente,
tienes desde hace mucho tiempo las llaves de todos los
    postigos de Europa,
y puedes dejar entrar y salir a quien se te antoje.
Y ahora por cobardía,
por cobardía nada más,
porque quieres guardar tu despensa hasta el último día de
    la Historia,
has dejado meterse en mi solar
a los raposos y a los lobos confabulados del mundo
para que se sacien en mi sangre
y no pidan en seguida la tuya.
Pero ya la pedirán,
ya la pedirán las estrellas...
Y aquí otra vez,
aquí
en estas alturas solitarias.
Aquí,
donde se oye sin descanso la voz milenaria
de los vientos,
del agua
y de la arcilla
que nos ha ido formando a todos los hombres.

Aquí,
donde no llega el desgañitado vocerío de la propaganda
   mercenaria.

Aquí,
donde no tiene resuello ni vida el asma de los diplomáticos.
Aquí,
donde los comediantes de la Sociedad de Naciones no tienen
   papel.
Aquí, aquí
ante la Historia
ante la Historia grande
(la otra
la que vuestro orgullo de gusanos enseña a los niños de las
   escuelas
no es más que un registro de mentiras
y un índice de crímenes y vanidades).
Aquí, aquí
bajo la luz de las estrellas sobre la tierra eterna y prístina
   del mundo
y en la presencia misma de Dios.
Aquí, aquí. Aquí
quiero decir ahora mi última palabra:

Españoles,
españoles revolucionarios:
¡El hombre se ha muerto!
Callad, callad.
Romped los altavoces
y las antenas,
arrancad de cuajo todos los carteles que anuncian vuestro
   drama en las esquinas del mundo.
¿Denuncias? ¿Ante quién?
Romped el Libro Blanco,
no volváis más vuestra boca con llamadas y lamentos hacia
   la tierra vacía.
¡El hombre se ha muerto!
Y sólo las estrellas pueden formar ya el coro de nuestro
   trágico destino.

No gritéis ya más vuestro martirio.
El martirio no se pregona,
se soporta
y se echa en los hombros como un legado y como un orgullo.

La tragedia es mía,
mía,
que no me la robe nadie.
Fuera,
fuera todos.
Todos.
Yo aquí sola.
Sola
bajo las estrellas y los Dioses.
¿Quiénes sois vosotros?
¿Cuál es vuestro nombre?
¿De qué vientre venís?
Fuera... Fuera... ¡Raposos!
Aquí,
yo sola. *Sola*,
con la justicia ahorcada.
Sola,
con el cadáver de la Justicia entre mis manos.
Aquí
yo sola,
sola
con la conciencia humana,
quieta,
parada,
asesinada para siempre
en esta hora de la Historia
y en esta tierra de España,
por todos los raposos del mundo.
Por todos,
por todos.
¡Raposos!
¡Raposos!
¡Raposos!

El mundo no es más que una madriguera de raposos
y la Justicia una flor que ya no prende de ninguna latitud.
Españoles,
españoles revolucionarios.
¡Vamos a la muerte!
Que lo oigan los espías.
¿Qué importa ya que lo oigan los espías?
Que lo oigan *ellos*, los bastardos.
¿Qué importa ya que lo oigan los bastardos?
A estas alturas de la Historia
ya no se oye nada.
Se va hacia la muerte
y abajo queda el mundo irrespirable de los raposos y de los
    que pactan con los raposos.
¡Vamos a la muerte!
¡Que se despierte Valencia
y que se ponga la mortaja!....

EPÍLOGO

Escuchad todavía...
Refrescad antes mis labios y mi frente... tengo sed...
Y quiero hablar con palabras de amor y de esperanza.
Oíd ahora:
La Justicia vale más que un imperio, aunque este imperio
    abarque toda la curva del Sol.
Y cuando la Justicia está herida de muerte y nos llama en
    agonía desesperada no podemos decir:
"Yo aún no estoy preparado."
La Justicia se defiende con una lanza rota y con una visera
    de papel.
Esto está escrito en mi Biblia,
en mi Historia,
en mi Historia infantil y grotesca,
y mientras los hombres no lo aprendan el mundo no se salva.

Yo soy el grito primero, cárdeno y bermejo de las grandes
    auroras de Occidente.
Ayer sobre mi sangre mañanera el mundo burgués edificó
    en América todas sus factorías y mercados,
sobre mis muertos de hoy el mundo de mañana levantará
    la Primera Casa del Hombre.
Y yo volveré,
volveré porque aún hay lanzas y hiel sobre la Tierra.
Volveré,
volveré con mi pecho y con la Aurora otra vez.

SUBASTA

Mercaderes:
Yo, España, ya no soy nadie aquí.
Aquí,
en este mundo vuestro
yo no soy nadie. Ya lo sé.
Entre vosotros
aquí, en vuestro mercado,
yo no soy nadie ya.
Un día me robasteis el airón
y ahora me habéis escondido la espada.
Entre vosotros
aquí,
en esta asamblea,
yo no soy nadie ya.
Yo no soy la virtud. Es verdad.
Mis manos están rojas de sangre fratricida
y en mi historia hay pasajes tenebrosos.
Pero el mundo es un túnel sin estrella
y vosotros sois sólo vendedores de sombras.
El mundo era sencillo y transparente; ahora no es más que
    sombras,
sombras,
sombras...
Un mercado de sombras,
una bolsa de sombras.
Aquí,
en esta gran feria de tinieblas,
yo no soy la mañana...
                    Pero sé
—y esto es mi esencia y mi orgullo,
mi eterno cascabel y mi penacho—,
sé
que el firmamento está lleno de luz,
de luz,
de luz,
que es un mercado de luz,

que es una feria de luz,
que la luz se cotiza con sangre...
y lanzo esta oferta a las estrellas:
"Por una gota de luz,
toda la sangre de España:
la del niño,
la del hermano,
la del padre,
la de la virgen,
la de los héroes,
la del criminal y la del juez,
la del poeta,
la del pueblo y la del Presidente...
¿De qué os asustáis?
¿Por qué hacéis esas muecas, vendedores de sombras?
¿Quién grita?
¿Quién protesta?
¿Quién ha dicho: Oh, no, eso es un mal negocio?
Mercaderes...
¡sólo existe un negocio!
Aquí,
en este otro mercado,
en esta otra gran Bolsa
de signos y designios estelares,
por torrentes históricos de sangre,
¡sólo existe un negocio!
sólo una transacción.
Y una moneda.
A mí no me asusta la sangre que se vierte.
Hay una flor en el mundo
que sólo puede crecer si se la riega con sangre.
La sangre del hombre está no sólo
hecha para mover su corazón,
sino para llenar los ríos de la Tierra,
las venas de la Tierra
y mover el corazón del mundo.
Mercaderes...
Oíd ese pregón:

86

"El destino del hombre está en subasta.
Miradle ahí, colgado de los cielos
aguardando una oferta..." ¿Cuánto? ¿Cuánto?
¿Cuánto, mercaderes?... (Silencio.)

Y aquí estoy yo otra vez;
aquí sola. Sola, sí.
Sola y en cruz. España-Cristo
—con la lanza cainita clavada en el costado,
sola y desnuda —jugándose mi túnica dos soldados
     vesánicos—.
Sola y desamparada —miradme cómo se lava las manos
     el Pretor—.
Y sola, sí, sola,
sola
sobre este yermo seco que ahora riega mi sangre;
sola
sobre esta tierra española y planetaria;
sola
sobre mi estepa
y bajo mi agonía;
sola
sobre mi calvero
y bajo mi calvario;
sola
sobre mi Historia
de viento,
de arena
y de locura,
y bajo los dioses y los astros
levanto hasta los cielos esta oferta:
Estrellas:
vosotras sois la luz.
La Tierra, una cueva tenebrosa sin linterna
y yo tan sólo sangre,
sangre,
sangre,

sangre...
España no tiene otra moneda...
¡Toda la sangre de España
por una gota de luz!

ENVÍO

A Lord Duff Cooper, *Jefe del Almirantazgo de Inglaterra, que acaba de decir en el Parlamento británico: "Todo lo que se ventila hoy en España no vale la vida de un marinero inglés."*

Lord Duff Cooper: España,
aquí, en vuestro mercado,
aquí, en vuestra asamblea,
ya no tiene ni voz.
Y su Historia,
su pasión,
sus gritos encendidos,
sus denuncias de sombra,
sus demandas de luz,
sus ofertas de sangre,
sus pleitos de justicia
y su locura crucificada,
¡no valen la vida de un marinero inglés!
¿Lo habéis oído?
Yo lo he oído: "¡No valen la vida de un marinero inglés!"
¿Lo habéis oído vosotros?
Lo hemos oído todos, Lord Duff Cooper.
Todos. Estad tranquilos.
Vuestras palabras no se pierden.
Las han oído las estrellas también.
Pero yo digo
que el mundo no es del mercader.
(Por qué están en el puente
el *croupier* y el *go-getter*
y mueve el gobernalle aquel matón.
¡Abajo! ¡Abajo, jugadores tramposos!
¡Que la nave la lleve el capitán!)
El mundo no es del mercader

ni del guerrero
ni del arzobispo...
El mundo —esta sombra encadenada y pestilente—
será...
de quien lo redima.
¡De quien lo redima!

ESPAÑOL DEL EXODO Y DEL LLANTO
Doctrina de un poeta español en 1939
(1939)

Al ciudadano LÁZARO CÁRDENAS, *Presidente de la
República Mexicana, y fundador y presidente
honorario de La Casa de España en México.
Homenaje de gratitud.*

YO NO TENGO DIPLOMAS

HACE ahora —por estos días— un año justo que regresé a México. Y poco más de un año que abandoné definitivamente España.

Vine aquí casi como el primer heraldo de este éxodo. Sin embargo, yo no soy un refugiado que llama hoy a las puertas de México para pedir hospitalidad. Me la dio hace dieciséis años, cuando llegué aquí por primera vez, solo y pobre y sin más documentos en el bolsillo que una carta que Alfonso Reyes me diera en Madrid, y con la cual se me abrieron todas las puertas de este pueblo y el corazón de los mejores hombres que entonces vivían en la ciudad. Con aquel sésamo gané la amistad de Pedro Henríquez Ureña, de Vasconcelos, de don Antonio Caso, de Eduardo Villaseñor, de Daniel Cosío Villegas, de Manuel Rodríguez Lozano... Entre todos se pudo hacer que yo defendiera mi vida con decoro...

Después, México me dio más: amor y hogar. Una mujer y una casa. Una casa que tengo todavía y que no me han derribado las bombas. Ahora que tanto español refugiado no tiene una silla donde sentarse, tengo que decir esto con vergüenza. Pero tengo que decirlo. Y no para mostrar mi fortuna, sino mi gratitud. Y para levantar la esperanza de aquellos españoles que lo han perdido todo.

Españoles del éxodo y del llanto, México os dará algún día una casa como a mí. Y más todavía. A mí me ha dado más. Al llegar aquí el año pasado, después de leer en este mismo sitio mi poema *El payaso de las bofetadas y el pescador de caña*, La Casa de España en México me abrió generosamente sus puertas. Tal ha sido mi fortuna en esta tierra, que ahora, viendo que los dados salen siempre en mi favor, me pregunto como Zaratustra: "¿Seré yo un tramposo?"

Y creo que esta noche, para definir mi conducta y aliviar mi conciencia, ha llegado la hora de rendir cuentas a México y a La Casa de España. Esta noche, después de un año de residencia en esta tierra y un año de labor en esta Institución, quiero preguntar a todos: ¿Qué vale lo que hace un poeta?

Porque yo no tengo una cátedra ni una clínica ni un laboratorio; ni recojo ni investigo. Y quiero preguntar en seguida: el dolor y la angustia de un poeta, ¿no valen nada?

Estos versos que ahora voy a leer, mi alegría *El hacha* y mi poema *El payaso de las bofetadas*... que han nacido en esta tierra y en estos doce meses últimos, ¿no sirven para pagar en cierta medida algunas de las mercedes que me ha otorgado México?

Amigos míos, esta noche habéis venido aquí a contestar a estas preguntas. Todos. Todos los que me escucháis. Los mexicanos y los españoles; y supongo que también ese hombre encendido de cólera, que grita todos los días en la prensa: ¿quién es ése? ¿por qué ha entrado ése? ¿quién le ha abierto las fronteras y la puerta de plata? Que muestre sus diplomas. ¿Dónde están sus diplomas?

Yo no tengo diplomas. Mis diplomas y mi equipaje se los ha llevado la guerra y no me quedan más que estas palabras que ahora vais a escuchar:

POLVO Y LÁGRIMAS

Vivimos en un mundo que se deshace y donde todo empeño por construir es vano. En otros tiempos, en épocas de ascensión o plenitud, el polvo tiende a aglutinarse y a cooperar, obediente, en la estructura y en la forma. Ahora la forma y la estructura se desmoronan y el polvo reclama su libertad y autonomía. Nadie puede organizar nada. Ni el filósofo ni el poeta. Cuando sopla el huracán y derriba la gran fortaleza del Rey, el hombre busca su defensa en los escombros. No son éstos los días de calcular cómo se ha de empotrar la viga maestra, sino de ver cómo nos libramos de que nos aplaste la vieja bóveda que se derrumba. Nadie tiene hoy en sus manos más que polvo. Polvo y lágrimas. Nuestro gran tesoro. Y tesoro serían si el hombre pudiese mandarlos. Pero nada podemos. Somos pobres porque nada nos obedece. Nuestra riqueza no se midió nunca por lo que tenemos, sino por la manera de organizar lo que tenemos. ¡Ah, si yo pudiese organizar mi llanto y el polvo disperso de mis sueños! Los poetas de todos los tiempos no han trabajado con otros ingredientes. Y tal vez la gracia del poeta no sea otra que la de hacer dócil el polvo y fecundas las lágrimas.

Y ésta es mi angustia ahora: ¿Dónde coloco yo mis sueños y mi llanto para que aparezcan con sentido, sean los signos de un lenguaje y formen un poema inteligible y armonioso?

UN POEMA ES UN TESTAMENTO

Un poema es un testamento sin compromisos con nadie y donde no hay disputas ni con el canónigo ni con el regidor. Donde no hay política. A la hora de la muerte, no hay política. Ni polémica tampoco. Polémica ¿contra quién? Como no sea contra Dios... Porque delante del poeta no están más que el misterio, la Tragedia y Dios. Detrás quedan los obispos y los comisarios. Y para tener polémica con ellos tendrían que dar un paso hacia adelante y tirar la mitra y los galones. El poeta va descubierto y sin adjetivos. Es el hombre desnudo que habla y pregunta en la montaña, sin que le espere ya nadie en la ciudad. Habla siempre dentro del círculo de la muerte y lo que dice, lo dice como si fuese la última palabra que tuviera que pronunciar. La muerte está tumbada a sus pies cuando escribe, esperando a que concluya. Y cuando ya no tenga nada que decir, nada que confesar, la muerte se pondrá de pie y le dirá, cogiéndole del brazo: ¡Vámonos!

Sus últimas palabras serán éstas:

Me voy.
Os dejo mi silla

y me voy.
No hay bastantes zapatos para todos
y me voy a los surcos.
Me encontraréis mañana
en la avena
y en la rumia del buey
dando vuelta a la ronda.
Seguidme la pista, detectives,
seguidme la pista como Hamlet al César.
Anotad:
El poeta murió.
El poeta fue enterrado,
el poeta se transformó en estiércol,
el estiércol abonó la avena,
la avena se la comió el buey,
el buey fue sacrificado,
con su piel labraron el cuero,
del cuero salieron los zapatos...
Y con estos zapatos en que se ha convertido el poeta
¿hasta cuándo —yo pregunto, detectives—
hasta cuándo seguirá negociando
el traficante de calzado?
¿Por qué no hay ya zapatos para todos?

Este poema es una vieja canción de amor que han ma-
tado los hombres y que el poeta quiere recrearla con su
vida. Nunca se recrea nada con menos. Es un grito cristiano
que los obispos han clavado en la rueda inacabable de la
liturgia eclesiástica para que la asesine la rutina. Y el líder
político que la lleva en su programa también, la ha lanzado
al viento como una amenaza para que la estrangule el ren-
cor. Ahora está muerta y no tiene eficacia ni en el norte ni
en el sur.

Las tribunas proletarias y los púlpitos no son más que
guillotinas del amor. Del amor que el poeta salva día tras
día de la rueda mecánica de las oratorias y de la bocina
de las propagandas. El poeta va recreando con su angustia
viva, las esencias vírgenes que matan sin cesar el político y

el eclesiástico, esos hombres que piensan que ganan todas las batallas y dejan siempre seco y muerto el problema primario de la justicia del hombre.

Cuando todas las demagogias han manchado de baba las grandes verdades del mundo y nadie se atreve ya a tocarlas, el poeta tiene que limpiarlas con su sangre para seguir diciendo: Aquí está todavía la verdad.

¿Por qué no hay ya zapatos para todos?

Las biblias las hacen y las renuevan los poetas; los obispos las deshacen y las secan; y los políticos las desprecian, porque piensan que la parábola no es una herramienta dialéctica.

¿Quién es el obispo?

Los políticos hacen los programas, los obispos las pastorales y los poetas los poemas. Pero el poeta habla el primero y grita antes que ninguno la congoja del hombre. El político, después, ha de buscar la manera de remediar esta congoja, cuando esta congoja no está en la mano de los dioses. Si está en la mano de los dioses, interviene el obispo con su procesión de mascarones y da al problema una solución falsa y medrosa.

El poeta es el que habla primero y dice: esto está torcido. Y lo denuncia. O esto es un misterio, y pregunta: ¿por qué? Pero cualquiera puede denunciar y preguntar. Sí. Pero la denuncia y la pregunta hay que hacerlas con un extraño tono de voz, y con un temblor en la garganta, que salgan de la vida para buscar la vida. Y esto es lo que diferencia al poeta del arzobispo.

El poeta conoce la Ley y quiere sostenerla viva. El obispo conoce la retórica y el rito anacrónico de la Ley: la Ley muerta. Los políticos no conocen más que las leyes. Y las leyes están hechas sólo para que no muera la Ley.

Cuando no hay poetas en un pueblo, el juez y los magistrados se reúnen en las tabernas, y firman sus sentencias en los lechos de las prostitutas.

Cuando no hay poetas en un pueblo (es decir, Ley viva), los obispos (es decir, la Ley muerta) celebran los concilios en los sótanos de sus palacios para bendecir la trilita de los aviones.

El obispo o el arzobispo, en este poema, es el jerarca simbólico de todas las podridas dignidades eclesiásticas de España: el que hace las encíclicas, las pastorales, los sermones, las pláticas, lleva al templo la política y los negocios de la plaza y afianza bien las ametralladoras en los huecos de los campanarios para dispararlas contra el hombre religioso, contra el poeta que dice:

> ¿Dónde está Dios? Rescatémosle de las tinieblas.
> Porque...
> Dios que lo sabe todo
> es un ingenuo
> y ahora está secuestrado
> por unos arzobispos bandoleros
> que le hacen decir desde la radio:
> "¡Hallo! ¡Hallo! Estoy aquí con *ellos*".
> Mas no quiere decir que está a su lado
> sino que está allí prisionero.
> Dice *dónde* está, nada más,
> para que los poetas lo sepamos
> y para que los poetas lo salvemos.

REPARTO

La España de las harcas no tuvo nunca poetas. De Franco han sido y siguen siendo los arzobispos, pero no los poetas. En este reparto injusto, desigual y forzoso, del lado de las harcas cayeron los arzobispos y del lado del éxodo, los poetas. Lo cual no es poca cosa. La vida de los pueblos, aun en los menesteres más humildes, funciona porque hay unos hombres allá en la Colina, que observan los signos estelares, sostienen vivo el fuego prometeico y cantan unas canciones que hacen crecer las espigas.

Sin el hombre de la Colina, no se puede organizar una patria. Porque este hombre es tan necesario como el hombre del Capitolio y no vale menos que el hombre de la Bolsa. Sin esta vieja casta prometeica que arrastra una larga cauda herética y sagrada y lleva sobre la frente una cresta luminosa y maldita, no podrá existir ningún pueblo.

Sin el poeta no podrá existir España. Que lo oigan las harcas victoriosas, que lo oiga Franco:

Tuya es la hacienda,
la casa,
el caballo
y la pistola.
Mía es la voz antigua de la tierra.
Tú te quedas con todo
y me dejas desnudo y errante por el mundo...
mas yo te dejo mudo... ¡Mudo!
¿Y cómo vas a recoger el trigo
y a alimentar el fuego
si yo me llevo la canción?

Nos salvaremos por el llanto

En un poema no hay bandos. No hay posiciones rojas ni blancas. No hay más que una causa: la del hombre. Y por ahora, la de la miseria del hombre.

El poeta no viene a construir ninguna fortaleza ni con el hombre rojo ni con el hombre blanco ni con las amatistas de los obispos, porque con el hombre de cualquier enseña no se puede construir hoy nada perdudable, ni aquí ni en ninguna latitud.

Yo miro las manos y no me las veo ni rojas ni blancas ni moradas, sino llenas de barro y del limo de la primera charca del mundo. Creo que me las iré limpiando con lágrimas; pero casi no hemos comenzado a llorar. Mi programa, es decir, mi tema poemático predilecto es éste: "Nos salvaremos por el llanto". Ésta es mi política y mi dialéctica también.

Creo en la dialéctica del llanto.
El hombre llora al medio día y en la noche...
y entre dos luces, cuando canta el gallo.

El llanto no está en los programas de los políticos ni en las pragmáticas de los jerarcas. Está en los versículos de los profetas y en el corazón engañado y afligido del hombre. Pero el llanto juega más que las leyes en la evolución de los pueblos. El llanto rompe las fronteras políticas del mundo y hará que un día los hombres se entiendan mejor. Ya, hoy mismo que hablamos tantos idiomas distintos, lloramos todos igual. Antes no era así. El llanto tenía sus ritos indígenas y su ceremonia vernácula, pero ahora yo he visto que una madre china llora igual que una madre española. Las lágrimas son internacionales y para ganar la igualdad de los hombres pueden más que los conceptos marxistas. Y estos mismos conceptos nacieron del llanto. Lástima que no se haya aclarado esto bien y muchos crean todavía que han nacido del odio.

Este libro no es más que llanto —¿qué otra cosa puede producir hoy un español? ¿Qué otra cosa puede producir hoy el hombre?—. Pero para que no me tildéis de jeremíaco y digáis que mi dolor es demasiado cínico, lo he vestido casi siempre de humor. Mejor sería decir que he metido mis lágrimas en una vejiga de bufón, con la que doy golpes inesperados y parece que voy espantando las moscas. Es una vejiga de trampa. Pero la trampa aquí no es contrabando; es pudor nada más, del que no quiere mostrar en su equipaje lo que a algunos no les gusta ver todavía. Los españoles hemos llorado mucho y hemos aprendido a llorar bien, pero no venimos aquí a tomar el papel de plañideras en ninguna funeraria. En México, estaría fuera de tono y no sería negocio, además. Los mexicanos saben mejor que nadie dar una *machincuepa* en un ataúd. Hay una agencia de pompas fúnebres en Cuernavaca que se llama "¿Quo vadis?" En México —¡tan triste!— se ríen los esqueletos. Yo también me voy a reír.

Pero mi risa ahora no es la risa de aquellos poetas deshumanizados de nuestros últimos días de paz, que decían: "la poesía no es más que juego de manos y chanzas de juglar; el dolor y la tragedia no existen". No. Estos poetas eran merolicos y charlatanes de barraca, que ya han enmudecido; pero para que se callasen, ha tenido que verterse mucha sangre española.

Ahora la poesía en España, no es más que llanto y risa. Y la risa aquí, es sólo llanto transformado, llanto invertido. Cuando se eleva el quejido y se va a perder o a quebrar como en nuestra copla clásica o en el salmo judaico, se le vuelve a la tierra con un cambio brusco de tono o con otro artificio. En la poesía, frecuentemente, con un retroceso grotesco, sarcástico, extravagante. Es un juego de sombras y de luces, un contraste de climas que en España, Cervantes ha movido mejor que ningún poeta del mundo. Shakespeare es maestro en este mecanismo también. Pero lo que en Cervantes es contraste vivo, de carne y hueso, en Shakespeare es sólo contraste verbal. Shakespeare juega siempre con conceptos y frases y con personajes forasteros; con invenciones, con símbolos universales. Su arte es siempre artificio, virtud genial de comediante maravilloso que sabe llorar por cualquiera, por gentes extrañas y lejanas, por fantasmas, por mitos... por Hécuba.

"¿Y qué le importa a él Hécuba y a Hécuba qué le importa él para que así la llore?"

En Cervantes (en *El Quijote*) no hay invención y apenas artificio; el necesario nada más para darle forma poemática a la realidad.

Hécuba, para Cervantes, es su patria, su casa... él mismo. Cervantes no juega, no ríe y llora con un sueño, con una sombra remota, sino con su misma carne y con la carne dolorida y condenada de su pueblo.

Cuando el bachiller y unas fuerzas confabuladas derrotan

a Don Quijote en la playa de Barcelona, el poeta sabe que más tarde, tal vez tres siglos más tarde, el mismo Bachiller y las mismas fuerzas confabuladas han de derrotar a España para siempre. La verdad poética se adelanta a la verdad histórica. El poeta habla primero. Y cuando Cervantes mata a Don Quijote, es cuando España se acaba en realidad.

España está muerta. Muerta. Detrás de Franco vendrán los enterradores y los arqueólogos. Y los buitres y las zorras que acechan en las cumbres. ¿Qué otra cosa esperáis? ¿Volver vosotros de nuevo, cuando se derrumbe la harca de los generales? ¡Los éxodos no vuelven! ¿Y a qué ibais a volver? ¿A darle otra vuelta al aristón? ¡Ya no hay más vueltas!

Pero un pueblo, una patria, no es más que la cuna de un hombre. Se deja la tierra que nos parió como se dejan los pañales. Y un día se es hombre antes que español.

Repartamos el llanto

Y tal vez esto, que nos parece ahora tan terrible a algunos españoles del éxodo, no sea en fin de cuentas más que el destino del hombre. Porque lo que el hombre ha buscado siempre por la política, por el dogma, por las internacionales obreras ¿no nos lo traerá el llanto? El hombre construye *a priori* fórmulas para organizar el mundo. Pero estas fórmulas se secan y mueren todos los días al contacto con la vida. La vida, la historia... Dios, tienen otros recursos. ¿No será uno de estos recursos el llanto? ¡El llanto, viejo como el mundo!

Ahora el llanto cuenta en su favor con la máquina también. La máquina lo aligera, lo expande, lo distribuye todo: la alegría, la ambición, el esfuerzo, la riqueza... ¿por qué no el llanto también? No hay que decir solamente: la tierra es de todos, la riqueza de la tierra es de todos, sino el llanto del mundo es de todos también. Así, ha de comenzar la nueva revolución de mañana: distribuyendo el llanto. Demagogos, proletarios, ¿por qué no me robáis ahora mi tesoro? ¿Por qué no me despojáis de mi fortuna? ¿Por qué no gritáis en seguida: ¡Igualdad! ¡Igualdad! ¡Abajo los magnates del llanto!? Que no es justo que un pueblo y un poeta tengan casi todas las lágrimas de la tierra. ¡Gritad, gritad: Repartamos el llanto como los ejidos!

EL LLANTO ES NUESTRO

Español del éxodo y del llanto, escúchame sereno.

En nuestro éxodo no hay orgullo como en el hebreo. Aquí no viene el hombre elegido, sino el hombre. El hombre solo, sin tribu, sin obispo y sin espada. En nuestro éxodo no hay saudade tampoco, como en el celta. No dejamos a la espalda ni la casa ni el archivo ni el campanario. Ni el mito de un rey que ha de volver. Detrás y delante de nosotros se abre el mundo. Hostil, pero se abre. Y en medio de este mundo, como en el centro de un círculo, el español solo, perfilado en el viento. Solo. Con su Arca; con el Arca sagrada. Cada uno con su Arca. Y dentro de esta Arca, su llanto y la Justicia derribada. ¡La Justicia! La única Justicia que aún queda en el mundo (las últimas palabras de Don Quijote, el testamento de Don Quijote, la esencia de España). Si estas palabras se pierden, si esta última semilla de la dignidad del hombre no germina más, el mundo se tornará en un páramo. Pero para que no se pierdan estas palabras ni se pudra en la tierra la semilla de la justicia humana, hemos aprendido a llorar con lágrimas que no habían conocido los hombres.

> **Españoles:**
> el llanto es nuestro
> y la tragedia también,
> como el agua y el trueno de las nubes.
> Se ha muerto un pueblo
> pero no se ha muerto el hombre.
> Porque aún existe el llanto,
> el hombre está aquí de pie,
> de pie y con su congoja al hombro,
> con su congoja antigua, original y eterna,

con su tesoro infinito
para comprar el misterio del mundo,
el silencio de los dioses
y el reino de la luz.
Toda la luz de la Tierra
la verá un día el hombre
por la ventana de una lágrima...
Españoles,
españoles del éxodo y del llanto:
levantad la cabeza
y no me miréis con ceño,
porque yo no soy el que canta la destrucción
sino la esperanza.

ESTÁ MUERTA, ¡MIRADLA!

ÚLTIMA ESCENA DE UN POEMA
HISTÓRICO Y DRAMÁTICO

I

YA NO HAY FERIA EN MEDINA, BUHONEROS

¡MIRADLA todos!... Está muerta...
¡Miradla!
¡Miradla!
Los que habéis vivido siempre arañando su piel,
removiendo sus llagas,
vistiendo sus harapos,
llevando a los mercados negros terciopelos y lentejuelas,
escapularios y cascabeles...
y luego no habéis sabido conservar este viejo negocio que
   os daba pan y gloria...
quisierais que viviese eternamente...
¡Pero está muerta!
Miradla todos:
los que habéis robado su túnica
y los que habéis vendido su cadáver.
¡Miradla!... Miradla
los eruditos y los sabios:
los traficantes de la cota del Cid
y del sayal de Santa Teresa.
Miradla,
los chamarileros de la ciencia, que vendíais por oro macizo,
   botones huecos de latón...
Miradla.
Miradla,
los anticuarios,
los especialistas del toro y del barroco,

los catadores de cuadros y vinagre...

los castradores de colmenas que dabais cera a los cirios y
    miel a los púlpitos...

los que levantabais en las plazas puestos de avellanas y
    nueces vanas, y vivíais del rito hueco y anacrónico...

Los vendedores de bellotas para las gruesas cuentas de los
    rosarios...

y los fabricantes de metales para las medallas y los
    esquilones.

Miradla
los poetas del rastro, de la cripta y la carcoma,
y los viajantes de rapé y de greguerías.

Miradla
los pintores de esputos y gangrena,
de prostíbulos y patíbulos,
de sótanos y sacristías,
de cristos disfrazados y de máscaras...
que preguntabais aturdidos:
Y si España se salva... y si España no muere,
y si España se quita la careta,
se limpia la cara
y abre la ventana...
¿qué pintamos nosotros?

Miradla
los que estáis negociando todavía
con el polvo,
con la carroña
y con la sombra.

Miradla
los dialécticos,
los sanguinarios,
los moderados,
los falsificadores de velones
y los mercaderes de tinieblas
que en cuanto escuchasteis esta oferta:
"Toda la sangre de España por una gota de luz",
gritasteis enfurecidos:
"No, no; eso es un mal negocio."

Miradla
los que vivíais de la caza y de la pesca del turista
y los vendedores de panderetas.
Miradla
los mastines del 98, que en cuanto ganasteis la antesala
    dejasteis de ladrar,
pactasteis con el mayordomo, y ahora en el destierro no
    podéis vivir sin el collar pulido de las academias.
Miradla
los grandes payasos ibéricos que hicisteis siempre pista y
    escenario de la patria y decíais en el exilio: ¡Mi España,
    la tierra de mi España! En lugar de decir: ¡La arena de
    mi circo!
Miradla
los constructores de ratoneras
y el gran inventor de la contradicción y la paradoja, que
    se cogió las narices con su invento.
Miradla
los escritores de novelas y comedias que buscabais la tru-
    culencia y el melodrama y ahora, después de tres años
    de guerra y destrucción, habéis dicho: ¡Basta, ya tene-
    mos argumento!
Miradla
los copleros de plazas y mercados que tenéis ya el cartelón
    pintado de almagre, las coplas hechas, la musiquilla y el
    guitarrón.
Miradla
los gitanos que adobabais el burro viejo y llenabais de fle-
    quillos y revuelos la capa y la canción para engañar al
    toro y al payo...
¡Ya no hay feria en Medina, buhoneros!

II

DEJAD QUIETO EL MOLINILLO

Miradla, miradla
los sastres,
los zapateros,

107

los sombrereros,
los modistos
que vestíais a los coroneles, a los arzobispos y a los
    diplomáticos, y hacíais vuestro gran negocio en carnaval.
Miradla
los sodomitas,
los adúlteros,
y los leprosos
que cambiasteis las leyes para defender vuestras llagas.
Miradla
los generales iscariotes que comprasteis siempre vuestras
    cruces y vuestras medallas con los treinta dineros,
y el clown, condecorado por el micrófono y el viento,
que conquistó su fama regando la pista de todos los circos
    del mundo con el llanto de las madres españolas.
¡Miradla!
Miradla, miradla
los fariseos que decíais: sólo la Iglesia tiene la verdad,
sólo bajo su bóveda vive el hombre seguro
y metisteis de nuevo
vuestros mercadillos en el templo;
y ése, ése,
el sacristán espía que llevaba
cosido en las telas del escapulario
el plano de la muerte...
y juraba que era una plegaria milagrosa.
Miradla
los chalanes de caballos ciegos para las plazas y para las
    norias...
los comediantes y los políticos que sosteníais 330 veces la
    misma comedia en el cartel...
y el chulo democrático del manubrio,
que piensa todavía que España tiene cuerda para siempre.
¡Ya no hay más vueltas!
¡Dejad quieto el molinillo!

Está muerta... La hemos asesinado entre tú y yo

Está muerta. ¡Miradla!
Miradla
los viejos gachupines de América,
los españoles del éxodo de ayer
que hace cincuenta años
huisteis de aquella patria vieja por no servir al Rey
y por no arar el feudo de un señor...
y ahora... nuevos-ricos,
queréis hacer la patria nueva
con lo mismo,
con lo mismo que ayer os expatrió:
con un Rey
y un señor.
No se juega a la patria
como se juega al escondite:
ahora sí
y ahora no.
Ya no hay patria. La hemos matado todos:
los de aquí y los de allá,
los de ayer y los de hoy.
España está muerta. La hemos asesinado
entre tú y yo.

¡Yo también!
Yo no fui más que una mueca,
una máscara
hecha de retórica y de miedo.
Aquí está mi frente. ¡Miradla!
Porque yo fui el que dijo:
"Una estrella roja, sí...
una estrella roja y sola
de sangre española en la frente...
preparad los cuchillos,
aguzad las navajas,
calentad al rojo vivo los hierros,

id a las fraguas,
que os pongan en la frente el sello de la unidad y de la
   Justicia"...
Y aquí está mi frente
sin una gota de sangre. ¡Miradla!

IV

ALLÍ NO HAY NADIE YA

¡España, España!
Todos pensaban
—el hombre, la Historia y la fábula—
todos pensaban
que ibas a terminar en una llama...
y has terminado en una charca.
Allí no queda nada.
Al borde de las aguas
cenagosas... una espada
y lejos... el éxodo,
un pueblo hambriento y perseguido
que escapa.
Español del éxodo de ayer
y español del éxodo de hoy...
allí no queda nada.
Haz un hoyo en la puerta de tu exilio,
planta un árbol,
riégalo con tus lágrimas
y aguarda.
Allí no hay nadie ya...
quédate aquí y aguarda.
—Y esos hombres que danzan por las tumbas, arrastrando
   espadones y rosarios
¿qué quieren?
—No hay nadie ya;
quédate aquí y aguarda.
—¿Has oído?
Dicen "Arriba España".

—No hay nadie...
son fantasmas.
Los muertos no salen del sepulcro...
quédate aquí y aguarda.
¿Adónde quieres ir?
Sopla en toda la Tierra
el mismo viento que se llevó tu casa.
¿Adónde quieres ir?
¿A buscar tu venganza?
Si el crimen fue de todos,
si la tragedia viene de lejos... de muy lejos
como en la Orestiada.
Ha entrado el viento y todo lo ha derribado.
¿Quién abrió la ventana?
Nadie... ¡el viento!

V

¿SIGNOS?

¿Quién ha implorado ya el perdón y espera sólo que se
    descorran los cerrojos?
Español del éxodo y del llanto,
¿de qué te tienen que perdonar?
¿y quién te tiene que perdonar?
¿Qué regazo,
qué tiara...
qué virtud hay en el mundo
ante la cual deban arrodillarse tus lágrimas?
Vinagre escupen los hisopos,
y la boca de los párrocos, venganza.
No hay en toda la Tierra
una mano limpia que pueda bendecir.
Habla con Dios directamente si le hallas
o maldice tu día como Job
y arroja al cielo tus palabras.
Allí no hay nadie...
Unas harcas...

arena del desierto...
polvo estéril del Sahara...
polvo, polvo
sobre una inmensa charca.
—Muera, muera ese falso augur
que ve mejor la grupa de la noche
que la frente de la mañana.
¿Qué signos hay
para anunciar más lágrimas?
Mostradnos vuestra ciencia
o vuestra gracia.
—¿Signos? Para saber el tiempo
que tendremos mañana,
no consultéis a la veleta.
Mejor que al viento
consultadle al agua.
Mirad a la laguna
(lo que ayer fue agua limpia
es ahora charca),
o al ángulo
del ojo de las vacas
(la mirada inocente
está cerrada).
También podéis hacer lo que Isaías:
tomarle el pulso al pueblo
y al jerarca.
(Hoy es escoria
lo que ayer fue plata.)
—Pedimos dialéctica,
no pedimos parábolas.
—Pues oíd:
Sobre una blasfemia *roja*
no se levanta España.
Y sobre el odio verde
de esta plegaria *blanca:*
"Señor, dame el llanto y la sangre
de la mitad de España..."
tampoco

se levanta.
Sobre una blasfemia roja
y una oración de hiel
no se levanta un pueblo
ni un destino ni una patria.
—Existe todavía
una tercer brigada.
—¡Ah! Sí, perdonad, perdonad,
se me olvidaba.
Para salvar al hombre
hay tres jugadas:
la roja blasfemia,
la verde plegaria
y la baba amarilla y senil
de la democracia.
—¡Fuera! Éste es aquel poeta funerario
de la Insignia y de El Hacha.
—Es aquel jeremíaco que decía:
"Solamente nos salvarán las lágrimas."
—Es un loco... un enfermo.
—¿Alguno de vosotros
conoce otro remedio?
¿Sabéis vosotros más?
¿Veis vosotros más lejos
y más claro?
Vosotros, los doctores modernos
los exploradores de la psiquis,
los loqueros,
los que pulsáis las cuerdas
heridas de los nervios
y bajáis y subís como alpinistas
por la abrupta geografía del cerebro...
¿sabéis vosotros más?
¿Podéis vosotros organizar mi llanto
o explicarme de otro modo mis sueños?
Porque no basta con decir:
es un loco... un enfermo.
Además, ya no hay locos,

ya no hay locos, amigos, ya no hay locos.
Se murió aquel manchego,
aquel estrafalario
fantasma del desierto
y ni en España hay locos.
Todo el mundo está cuerdo,
terrible,
monstruosamente cuerdo.
Escuchadme:

VI

LOQUEROS... RELOJEROS...

El sapo iscariote y ladrón
en la silla del juez,
repartiendo castigos y premios
¡en nombre de Cristo,
con la efigie de Cristo
prendida en el pecho!...
Y el hombre aquí de pie,
firme, erguido, sereno,
con el pulso normal,
con la lengua en silencio,
los ojos en sus cuencas
y en su lugar los huesos.
El sapo iscariote y ladrón
en la silla del juez,
repartiendo castigos y premios...
y yo tranquilo aquí
callado, impasible, cuerdo... ¡cuerdo!
sin que se me quiebre
el mecanismo del cerebro.
¿Cuándo se pierde el juicio?
Relojeros
¿Cuándo enloquece el hombre?
¿Cuándo,
cuándo es cuando se enuncian los conceptos

114

absurdos
y blasfemos,
y se hacen unos gestos sin sentido,
monstruosos y obscenos?
¿Cuándo es cuando se dice,
por ejemplo:
no es verdad,
Dios no ha puesto
al hombre aquí en la Tierra
bajo la luz y la ley del Universo:
el hombre
es un insecto
que vive en las partes pestilentes y rojas
del mono y del camello?
¿Cuándo, si no es ahora
(yo pregunto, loqueros),
cuándo,
cuándo es cuando se paran los ojos
y se quedan abiertos,
inmensamente abiertos,
sin que puedan cerrarlos ni la llama ni el viento?
¿Cuándo es cuando se cambian
las funciones del alma y los resortes del cuerpo,
y en vez de llanto
no hay más que risa y baba en nuestro gesto?
Si no es ahora,
ahora que la Justicia vale menos,
mucho menos, que el orín de los perros;
si no es ahora, ahora que la Justicia
tiene menos,
infinitamente menos
categoría que el estiércol;
si no es ahora, ¿cuándo,
cuándo se pierde el juicio?
Respondedme, loqueros, relojeros...,
¿cuándo se quiebra y salta roto en mil pedazos
el mecanismo del cerebro?
Ya no hay locos, amigos, ya no hay locos.

Se murió aquel manchego,
aquel estrafalario
fantasma del desierto,
y..., ¡ni en España hay locos!
Todo el mundo está cuerdo,
terrible,
monstruosamente cuerdo.
¡Qué bien marcha el reloj;
qué bien marcha el cerebro,
este reloj, este cerebro —tic, tac... tic, tac, tic, tac...
es un reloj perfecto..., perfecto...; perfecto!

VII

PREGUNTAD AL COMADRÓN

No preguntéis,
no preguntéis a los loqueros-relojeros.
No preguntéis tampoco
al hombre de los mapas y de los argumentos;
no preguntéis al estratega
ni preguntéis al dialéctico.
Mirad,
mirad al cielo.
Vienen solas y negras dos nubes contrarias,
preñadas de agua y de fuego.
Preguntad al comadrón: ¿Qué parirán?
¿Qué parirán?
¿Habrá diluvio o habrá incendio?
—Llanto.
—Construyamos un Arca
como en el Viejo Testamento.
—¡Ya es tarde, ya es tarde!
(Pasa iracundo resoplando el viento.)
Escuchad otra voz:
—Hay que tomar la espada
y elegir un ejército.
Uno de los ejércitos del mundo.
No hay más que dos ejércitos.

—Español del éxodo y del llanto,
que llegas a México,
no te sientes tan pronto,
que aquí sopla aún el viento,
el mismo viento
que derribó la torre
de tu pueblo...
No digas en seguida:
allá yo era un esclavo
y aquí soy un liberto,
porque la tierra entera está imantada
y caminamos todos con zapatos de hierro.
Se ha muerto un pueblo, pero el hombre
no se ha muerto. De nuevo
tomad todos la espada
y elegid un ejército.

VIII

HOY NO ES DÍA DE CONTAR

Que se quite sus libreas
el discreto,
y su levita funeraria
el miedo.
No es hora de argüir:
yo soy un sabio, o yo no entiendo
más que de mi oficio
y mi comercio.
Porque el hombre
—el erudito historiador y el zapatero—
ha de estar preparado antes que nada
para el día fatal
de las inundaciones y del trueno.

Ya no hay nadie en el valle,
no hay nadie en el taller ni en la oficina,
los hombres de la fábrica se fueron:

los que entraron a trabajar ayer
y los viejos obreros;
el hombre de la regla,
el aprendiz,
el ayudante
y el maestro;
el que engrasa los ejes
y el que templa el acero;
los hombres del molino,
el manco de la presa
y el viejo molinero.
Alguien ha dicho:
no oigáis a los profetas dialécticos;
mirad,
mirad al cielo...
Y todos han huido hacia las cumbres;
los de la máquina,
los de la gleba,
los artesanos y los jornaleros.
Se han escapado todos...
y el capataz con ellos.
El capataz, el hombre de la lista,
el que llama en el alba a los obreros.
Hoy la lista se tomará allá arriba,
en el pico del cerro...
Y el hombre oirá su nombre
más alto que su oficio y que su gremio.

"Zapatero, a tus zapatos..."
Deja ahora los zapatos, zapatero
y salva sólo esta ficha, historiador:
"Volaba la corneja sobre el lado siniestro."
Ahora tirad las leznas y los tarjeteros
con los otros cachivaches domésticos.
El hombre hace su historia y sus zapatos
cuando sopla otro viento.
Hoy va a caer mucha agua,
¡mucho llanto!, y tendremos

que ir todos sin papeles en los bolsillos
y con los pies ligeros
para nadar, para nadar sin trabas
y llegar a algún puerto.
Ya habrá espacio otro día
para cortar el cuero:
ya habrá espacio mañana
para ordenar papeles
y juntar documentos;
ya habrá espacio,
ya habrá espacio de sobra
para contar,
para contar,
todo lo que ha sucedido en este tiempo.
Ahora... tomad todos la espada
y elegid un ejército. No hay más que dos ejércitos.
Hoy no es día de contar, historiadores,
es día de gestar..., de hacer el cuento,
de empezar otra historia y otra patria
y... de comprarse un traje nuevo.

IX

LAVANDERAS... TINTOREROS...

Este indumento que ahora llevas
ya no sirve, español.
Oídlo,
los antiguos alfayates del Rey,
los viejos quitamanchas del landó,
los fabricantes de lejía
y los vendedores de sidol.
Hay una mancha roja
aquí en la manga izquierda
del viejo levitón...,
y en la derecha hay otra
(¿Ha visto usted, señora?)
otra... un poquito mayor.

Y ninguna se quita con nada
(¡Lavanderas, tintoreros!)
ninguna de las dos.
Preguntad más arriba:
¡Eh! ¿Cómo se cura el cáncer
y la lepra, doctor?
Más arriba, más arriba...
En la buhardilla viven
el prestamista y el enterrador.
Y allá en las cumbres fronterizas,
el buitre y la zorra...

X

ESPAÑOL

Español del éxodo de ayer
y español del éxodo de hoy:
te salvarás como hombre,
pero no como español.
No tienes patria ni tribu. Si puedes,
hunde tus raíces y tus sueños
en la lluvia ecuménica del sol.
Y yérguete... ¡Yérguete!
Que tal vez el hombre de este tiempo...
es el hombre movible de la luz,
del éxodo y del viento.

Julio, 1939

EL HACHA

ELEGÍA ESPAÑOLA

A los caballeros del Hacha,
a los cruzados del rencor y del polvo...
a todos los españoles del mundo.

HABLA EL PRÓLOGO

¡Oh!, si la poesía fuese tan sólo el callejón torcido de los sueños... un sitio equivocado de sombras y delirio... vahos subconscientes, como queríais vosotros... ¡una pesadilla! Y alguien, cualquiera, tú, por ejemplo, pudiese sacudirme ahora por los hombros y gritarme: ¡Eh, sonámbulo, despierta... sal de la cueva... mira la luz!

¡Ah, si aquí, en esta Elegía, no hubiese más que un mundo de trampa y de cortina... y alguien, cualquiera, tú por ejemplo, pudiese decir al acabar de leerla: ¡Eh, señores, riámonos de nuevo, que todo han sido chanzas de juglar...!

¡Ah, si esto no fuese más que una comedia!... ¡otra comedia!... Y uno cualquiera del público, de arriba o de abajo, del patio o de las gradas, del bando rojo del exilio o del bando negro de la *traición y la Victoria* de pronto se levantase de su asiento para increparme enfurecido: ¡Fuera! ¡Que ésa no es la voz de la casta!

¡Ah, si mi verso no fuese sino sueño o burla... broma inofensiva... pura broma... veneno en broma... *poison in jest*!

I

¡OH, este dolor,
este dolor de no tener ya lágrimas;
este dolor

121

de no tener ya llanto
para regar el polvo!
¡Oh, este llanto de España,
que ya no es más que arruga y sequedad...
mueca,
enjuta congoja de la tierra,
bajo un cielo sin lluvias,
hipo de cigüeñal
sobre un pozo vacío,
mecanismo, sin lágrimas, del llanto!
¡Oh, esta mueca española,
esta mueca dramática y grotesca!

¡Llanto seco del polvo
y por el polvo...
por el polvo de todas las cosas acabadas de España
por el polvo de todos los muertos
y de todas las ruinas de España...
por el polvo de una casta
perdida ya en la Historia para siempre!
Llanto seco del polvo
y por el polvo. Por el polvo
de una casa sin muros,
de una tribu sin sangre,
de unas cuencas sin lágrimas,
de unos surcos sin agua...
Llanto seco del polvo
por el polvo que no se juntará ya más,
ni para construir un adobe
ni para levantar una esperanza.
¡Oh, polvo amarillo y maldito
que nos trajo el rencor y el orgullo
de siglos
y siglos
y siglos...
Porque este polvo no es de hoy,
ni nos vino de fuera:
somos todos desierto y africanos.

Nadie tiene aquí lágrimas.
¿Y para qué hemos de vivir nosotros
si no tenemos lágrimas?
¿Y para qué hemos de llorar ya más
si nuestro llanto no aglutina...
ni en los clanes rojos
ni en las harcas blancas?
En esta tierra
el llanto no aglutina;
ni el llanto ni la sangre.
¿Y para qué sirve la sangre derramada
si no junta los labios de la casta?
Disolvente es la sangre en esta tierra
lo mismo que las lágrimas...
y ha clavado banderas
plurales y enemigas
en todos los aleros...
"Los ídolos domésticos
hablaron vanidad."

Tierra arenosa sin riego,
carne estrujada sin llanto,
polvo rebelde de rocas rencorosas
y lavas enemigas,
átomos amarillos y estériles
del yermo,
aristas vengativas,
arenal de la envidia...
esperad ahí secos y olvidados
hasta que se desborde el mar.

II

¿Por qué habéis dicho todos
que en España hay dos bandos,
si aquí no hay más que polvo?

En España no hay bandos,
en esta tierra no hay bandos,
en esta tierra maldita no hay bandos.
No hay más que un hacha amarilla
que ha afilado el rencor.
Un hacha que cae siempre,
siempre,
siempre,
implacable y sin descanso
sobre cualquier humilde ligazón:
sobre dos plegarias que se funden,
sobre dos herramientas que se enlazan,
sobre dos manos que se estrechan.
La consigna es el corte,
el corte,
el corte,
el corte hasta llegar al polvo,
hasta llegar al átomo.
Aquí no hay bandos,
aquí no hay bandos
ni rojos
ni blancos
ni egregios
ni plebeyos...
Aquí no hay más que átomos,
átomos que se muerden.
España,
en esta casa tuya no hay bandos.
Aquí no hay más que polvo,
polvo y un hacha antigua,
indestructible y destructora,
que se volvió y se vuelve
contra tu misma carne
cuando te cercan los raposos.
Vuelan sobre tus torres y tus campos
todos los gavilanes enemigos
y tu hijo blande el hacha
sobre su propio hermano.

Tu enemigo es tu sangre
y el barro de tu choza.
¡Qué viejo veneno lleva el río
y el viento,
y el pan de tu meseta,
que emponzoña la sangre,
alimenta la envidia,
da ley al fratricidio
y asesina el honor y la esperanza!
La voz de tus entrañas
y el grito de tus montes
es lo que dice el hacha:
"Éste es el mundo del desgaje,
de la desmembración y la discordia,
de las separaciones enemigas,
de las dicotomías incesables,
el mundo del hachazo... ¡mi mundo!
dejadme trabajar."
Y el hacha cae ciega,
incansable y vengativa
sobre todo lo que se congrega
y se prolonga:
sobre la gavilla
y el manojo,
sobre la espiga
y el racimo,
sobre la flor
y la raíz,
sobre el grano
y la simiente,
y sobre el polvo mismo
del grano y la simiente.
Aquí el hacha es la ley
y la unidad el átomo,
el átomo amarillo y rencoroso.
Y el hacha es la que triunfa.

III

Hay un tirano que sujeta
y otro tirano que desata...
y entre los dos tu predio, libertad.
¡Libertad, libertad,
hazaña prometeica,
en tensión angustiosa y sostenida
de equilibrio y amor!
¡Libertad española!
A tu derecha tienes
los grillos y la sombra
y a tu izquierda la arena
donde el amor no liga.
Se es esclavo del hacha
lo mismo que del cepo...
Y el desierto es también un calabozo;
el desierto amarillo
donde el átomo roto
no se pone de pie.
De aquí nadie se escapa. Nadie.
Porque dime tú, amigo cordelero,
¿hay quien trence una escala
con la arena y el polvo?

IV

España...
¿De qué otra tela nueva y extranjera...
van a cortarte ahora un sayal?
¡Silencio!
No digáis otra vez
la Historia se repite,
la vida es vuelta y vuelta,
la primavera torna
y España es siempre eterna y virginal.
La Historia se deshace.

Un día
el palo desgastado y carcomido
de la noria se quiebra,
las ruedas ya no giran,
el agua ya no surte,
la mula vieja y ciega se derrumba,
la negra pantomima
fratricida se acaba
y el polvo es el que ordena...
¡el polvo eterno y virginal!

V

Español,
más pudo tu envidia
que tu honor,
y más cuidaste el hacha
que la espada.

Tuya es el hacha, tuya.
Más tuya que tu sombra.
Contigo la llevaste a la Conquista
y contigo ha vivido
en todos los exilios.
Yo la he visto en América
—en México y en Lima—,
se la diste a tu esposa
y a tu esclava...
y es la eterna maldición de tu simiente.
Tuya es el hacha, ¡el hacha!
la que partió el Imperio
y la nación,
la que partió los reinos,
la que parte la ciudad
y el municipio,
la que parte la grey
y la familia,
la que asesina al padre.

—¡Alvargonzález,
Alvargonzález, habla!—
Bajo su filo se ha hecho polvo
el Arca,
la casta,
y la roca sagrada de los muertos
el coro,
el diálogo
y el himno...
el poema,
la espada
y el oficio...
la lágrima,
la gota
de sangre
y la gota
de alegría...
Y todo se hará polvo,
todo,
todo,
todo...
polvo con el que nadie...
¡nadie!
construirá jamás
ni un ladrillo
ni una ilusión.

VI

España no eres tú,
el de las harcas blancas,
ni tú,
el de los clanes rojos.
España... ¡es el hacha!
¡Y el hacha es la que gana!
Esta vez pierden todos, caballero.
(—Me esconderé en el portalón

detrás de la columna
y apostaré después
cuando la bola haya salido.)
Esta vez pierden todos, caballero:
el que se esconde
y el que huye;
los jugadores de ventaja,
el tramposo,
el garitero
y el matón...
¡Y el hacha es la que gana!
Cobraremos todos en arena,
todos, hasta los muertos,
que esperan bajo tierra
la gloria y el rosal.
Esta vez pierden todos...

Obispos buhoneros,
volved las baratijas a su sitio:
los ídolos al polvo
y la esperanza al mar.
Hemos bajado el último escalón...
el que acaba en la cripta.
Mirad ahora hacia arriba
por el pozo viscoso de la Historia.
Allá,
en el disco apagado de la noche,
ni una voz
ni una estrella.
Nadie nos llama
ni nos guía,
y mientras nuestra sangre se desborda
el mundo juega al *bridge*
y el Gran Juez a los dados.
Fuimos un espectáculo anteayer,
pero hoy ya el circo está vacío.
La negra pantomima
fratricida de España

la vio Tubal-Caín,
es vieja como el mundo,
como el odio y la envidia...
y hoy la enciende y la apaga
un empresario inglés.
Sin embargo, vosotros
podéis aún arroparos si hace frío,
en una manta proletaria
o en un manto señorial.
Y apedrearme, si queréis,
maldecirme y gritar:
"¡Muera ese falso augur
que ve mejor la grupa de la noche
que la frente de la mañana!..."
Pero aquí en nuestras manos
sólo hay polvo y rencor.

VII

—¡Eh, tú, Diego Carrión!,
¿qué insignia es esa
que llevas en el pecho?
—El haz de flechas señorial.
—¿Y tú, Pero Vermúez?
—La estrella redentora y proletaria.
Españoles,
"dejémonos de burlas".
No es ésta ya la hora de la farsa.
"Vámonos poco a poco,
que en los nidos de antaño
no hay pájaros hogaño.
Yo fui loco
y ya estoy cuerdo."
Nadie tiene aquí lágrimas...
¡pero tampoco risas!
Aquí no hay lágrimas
ni risas...

Aquí no hay más que polvo.
¡Quitaos esas máscaras!
Nuestro símbolo es éste: el hacha.
Marcaos todos en la carne del costado
con un hierro encendido,
que os llegue hasta los huesos
el hacha destructora...
Todos,
Diego Carrión,
Pero Vermúez,
todos...
El Hacha... es la divisa.
Y vamos a dormir,
a descansar en el polvo,
aquí,
en el polvo y para siempre.
No somos más que polvo.
Tú y yo y España
no somos más que polvo.
Polvo,
polvo,
polvo...
Nuestra es el hacha,
el hacha y el desierto...
el desierto amarillo
donde descanse el hacha,
cuando no quede ya
ni una raíz
ni un pájaro
ni un recuerdo
ni un nombre...
España,
¿por qué has de ser tú madre de traidores
y engendrar siempre polvo rencoroso?
Si tu destino es éste,
¡que te derribe y te deshaga el hacha!

VIII

El llanto... El mar

Y aquéllos... ¿los del norte?
La elegía de la zorra
que la cante la zorra,
el buitre
la del buitre
y el cobarde
la suya.
Cada raza y cada pueblo
con su lepra y con su llanto.
Yo lloro solamente las hazañas
del rencor
y del polvo...
y la gloria
del hacha.

Luego,
mañana...
¡para todos el mar!
Habrá llanto de sobra para el hombre
y agua amarga
para las dunas calcinadas...
¡salitre para todos!
Mañana...
¡para todos el mar!

El mar *solo otra vez*, como al principio,
y el hombre *solo, al fin*, con su conciencia.
¡Para todos el mar!
y el hombre solo, solo...
sin tribu,
sin obispo
y sin espada.
Cada hombre solo, solo,
sin Historia y sin grito,
con el grito partido
y las escalas y las sondas rotas.

Cada hombre solo. Yo solo,
solo, sí,
solo,
solo,
flotando sobre el mar,
sobre el lecho profundo de mi llanto
y bajo el palio altivo de los cielos...
altivo,
silencioso
y estelar.

Si hay una luz que es mía,
aquí ha de reflejarse y rielar,
en el espejo inmenso de mis lágrimas,
en el mar...
¡en el mar!
Mañana,
para todos el mar:
el que mece las cunas
y derriba los ciclos,
el que cuenta los pasos de la luna
y los de la mula de la noria,
el que rompe los malecones
y los huevecillos,
el eterno comienzo
y el eterno acabar.
Mañana
sobre todos el mar...
sobre la zorra y sobre el buitre, el mar;
sobre el cobarde el mar;
sobre el obispo y su amatista, el mar;
sobre mi carne el mar;
sobre el desierto, el mar;
y sobre el polvo y sobre el hacha, el mar.
¡El mar,
el mar,
el mar solo otra vez, como al principio!
¡El llanto... el mar!

Estamos en el llanto

> Obispos buhoneros,
> volved las baratijas a su sitio:
> los ídolos al polvo
> y la esperanza al mar.

Ya sé.
Ya sé que habéis pintado
una silla en la nube
y una llama de azufre
en el fondo del pozo.
Pero yo no he venido
a pedir un asiento en la gloria
ni a poner de rodillas
el miedo.
Estoy aquí otra vez
para subrayar con mi sangre
la tragedia del mundo,
el dolor de la tierra,
para gritar con mi carne:
Ese dolor es mío también.
Y para añadir además:
Lo primero fue el llanto...
y estamos en el llanto.
—Lo primero fue el Verbo.
—El Verbo es la piqueta
que se clava en la sombra,
la piqueta
que perfora la sombra,
la palanca
que derriba las puertas,
la herramienta...
lo que esperaba el barro,
lo que aún espera el llanto
y aún espera la sombra.
El Verbo vino y dijo: Aquí está el barro;

que el barro se haga llanto
(no que se haga la luz).
Y el barro se hizo llanto.
Lo primero fue el barro...
¡El barro hecho llanto!
¡la conciencia del llanto!
¡el dolor de la Tierra!
—¿A quién le hablas así?
—Al que tiró el huevecillo
en el barro viscoso de la charca,
al que fecundó la primera charca del mundo,
al que hizo llanto el barro.
—¿Y quién eres tú?
—El barro de la charca,
el barro hecho llanto,
tierra de lágrimas...
lo mismo que tú.
Nadie ha pasado de aquí.
Lo primero fue el llanto
y estamos en el llanto.
Porque aún no ha dicho el Verbo:
Que el llanto se haga luz.
—¿Lo dirá?
　　　　　—Lo dirá, porque, si no,
¿para qué sirve el mar?
(Nuestro llanto son los ríos
que van a dar a la mar...)
¿O puede ser la vida eternamente
un lamento encerrado en una cueva?
Dios es el mar,
Dios es el llanto de los hombres.
Y el Verbo se hizo llanto
para levantar la vida.
El Verbo está en la carne
dolorida del mundo...
¡Miradlo aquí en mis ojos!
mis ojos son las fuentes
del llanto y de la luz...

Y estamos en el llanto...
Seguimos en la era de las sombras.
¿Quién ha ido más allá?
¿Quién ha abierto otra puerta?
Toda la luz de la tierra
la verá un día el hombre
por la ventana de una lágrima...
Pero aún no ha dicho el Verbo:
¡Que el llanto se haga Luz!

México, 1939

ME COMPRARÉ UNA RISA

(Je, je, je...
Jo, jo, jo...
Ja, ja, ja...)
                    Es la risa mecánica del mundo,
la risa del magazine y la pantalla,
la risa del megáfono y del jazz,
la risa sincopada de los negros,
la risa asalariada,
la risa que se alquila y que se compra...
¡Risa de almoneda y carnaval!
Risa de diez centavos o un penique,
de albayalde, de ferias y de pista,
de cabaret, de maquillaje y de *boudoir*.
Risa de propaganda y de ordenanza
municipal y de pregón.
La que anuncian las rotativas,
las esquinas,
las vallas
la radio
el celuloide y el neón
y vende en todo el mundo
la gran firma
"Standard Smile Company".
(Je, je, je...
Ja, ja, ja...
Jo, jo, jo...)

"¡Smile, Smile, Smile!"

Ahí pasa el pregonero.
Es aquel viejo vendedor de sombras
que ahora vende sonrisas:

"¡Risas, risas, risas!
Risas fabricadas a troquel
como pesos y como centavos.

Risas para las viudas y los huérfanos,
risas para el mendigo y el leproso,
risas para los chinos y para los judíos
—a la medida y a granel—
risas para el Rey Lear
y para el Rey Edipo
y risas para España,
sin cuencas ya y sin lágrimas también."

"¡Smile, Smile, Smile!"

Polvo es el aire,
polvo de carbón apagado...
y el mercader y el gobernante
pregonando sonrisas
para esconder la sombra
y la miseria.

"¡Risas, risas, risas!"

Polvo es el aire
polvo de carbón apagado...
y el huracán y el viento
vendiendo a gritos
risas por la calle.

(¡Ja, ja, ja!...)

¡Perseguid esa zorra,
perseguid esa zorra a pedradas,
perseguidla y matadla!

(Je, je, je...)

¡Silencio... Silencio!
Aquí no ríe nadie...

¡La risa humana ha muerto!
¡y la risa mecánica también!

Oíd, amigos,
los que comprasteis la sonrisa en una feria,
o en un *ten cent store:*
el que asesina la alegría
con la sonrisa merca luego,
y el creador del llanto
es el que dice: "¡Smile!"

(¡Ja, ja, ja!...)

Debajo de esa risa
que viene entre las sombras,
está el gesto del hambre,
muchos brazos caídos,
el panadero ocioso
y vagones de trigo hacia el fondo del mar.

(¡Ja, ja, ja!...)

Debajo de esa risa de ordenanza
que llega en las tinieblas,
hay un rictus de espanto,
una boca epiléptica,
una baba amarilla
y sangre... sangre y llanto.

(¡Ja, ja, ja!...)

"Risas, risas...
viejas risas de México
para los ataúdes
y para los esqueletos.
Risas, risas,
risas para los vivos
y los muertos..."

¡Je, je! Ahora me río yo...
la risa es contagiosa.
¡Eh, tú, traficante de risas!
¡Pregonero!...
A ver cuál es la mía.
Me reiré también. Después de todo
¿no tengo yo un resorte
aquí en los maseteros
que dispara la risa?

Y en los sobacos
también tengo cosquillas.
Además, ¿no hay sueños de artificio?
¿No se compran los sueños?
Pues compraré la risa.
¿Por qué no he de reírme
y hacer que tú te rías?
¡Je, je!... Ya ves. La risa es contagiosa.
¡Bastante contagiosa!
¡Más que la dignidad y la Justicia!

CANCIONETA

El burgués tiene la mesa,
la Iglesia tiene la misa,
el proletario la masa
y el fascismo la camisa.
¡Qué divertido es el mundo!
¡Ay, qué risa, ay qué risa!
Dando vueltas, dando vueltas
tan de prisa
con la mesa
con la misa
con la masa
y la camisa.

GANARAS LA LUZ

(Biografía, poesía y destino)
(1943)

PRÓLOGO

No en la primera sino en la última página de
la crónica es donde está escrito el nombre ver-
dadero del héroe; y no al comenzar sino al aca-
bar la jornada, es cuando acaso pueda decir el
hombre cómo se llama.

I

VERSOS Y BLASFEMIAS DE CAMINANTE

Siempre he sido un hombre inoportuno y un español desen-
tonado y anacrónico. Ayer, en 1920, cuando la blasfemia
corría por las costanillas y por las grandes avenidas de Ma-
drid, como el agua de las lluvias hasta encontrar el sumi-
dero, escribía yo mi primer libro con el nombre de

Versos y oraciones de caminante

Y en 1940, veinte años más tarde, cuando los escritores
españoles, los de la "Santa Cruzada" y muchos de los del
"Éxodo" también, movían sus plumas como palmas para re-
latar, arrepentidos y devotos, las vidas ejemplares de los
santos, iba yo a dar a la estampa mis últimos poemas con
el título de

Versos y blasfemias de caminante

Nadie los quiso. No encontré editores. Y no intenté violen-
tar en nada la decisión del Viento, de ese Viento que es mi
antólogo, mi colaborador y el *dictador*. El que selecciona, el
que me ayuda, *el que me dicta... y el que manda.*

Ahora, de aquellos "Versos y Blasfemias de Caminante"
quedan aquí sólo los que el Viento ha querido. Dentro de
este marco, de este friso mejor dicho, de este largo friso y
de este nuevo título:

Ganarás la luz...
Biografía, poesía y destino

¿QUIÉN SOY YO?

He aquí una buena pregunta para hacérsela el hombre por la tarde, cuando ya está cansado y se sienta a esperar en el umbral de la noche.

Si se abriese ahora, de improviso, la puerta y alguien se adelantase a preguntarme quién soy yo, no sabría decir cómo me llamo.

En la mañana nos bautizan, al mediodía el sol ha borrado nuestro nombre y en la tarde quisiéramos bautizarnos nosotros.

Salimos de aventura en la madrugada por el mundo, con un nombre que nos prenden en la solapa, como una concha en la esclavina y creemos que por este nombre van a llamarnos los pájaros. ¡No nos llama nadie! Y cuando ya estamos rendidos de caminar y el día va a quebrarse, gritamos enloquecidos y angustiados, para no perdernos en la sombra: ¿Quién soy yo?

¡Y nadie nos responde!

Entonces miramos hacia atrás para ver lo que dicen nuestros pasos. Creemos que algo deben de haber dejado escrito en la arena nuestros pies vagabundos. Y comenzamos a descifrar y a organizar las huellas que aún no ha borrado el viento.

Es la hora en que el caminante quiere escribir "sus memorias". Cuando dice:

Les contaré mi vida a los hombres para que ellos me digan quién soy.

Si es un poeta, querrá contársela también a los pájaros y a los árboles. Y un día buscará un cordoncito o un mecate para ceñir y ligar bien su "antología". Entonces dirá:

Reuniré en un manojo apretado mis mejores poemas porque tal vez así, todos juntos, sepan decir mejor lo que quieren, a dónde se dirigen... y acaso al final apunten vagamente mi nombre verdadero.

Si el poeta es un poco arquitecto y algo más orgulloso, tal

vez se atreva a contarle su vida a las piedras también. Y dirá:

Construiré mi morada —mi templo y mi sepulcro— con las piedras más firmes que he tallado.

Yo no sé si soy un poco arquitecto, pero soy tan orgulloso como el hombre que quiere hacer eterna su casa y su palabra; como el hombre que, enloquecido y angustiado, se afana en bautizarse a sí mismo con un nombre por el que puedan llamarle

los pájaros,
los árboles,
las piedras...

con un nombre que no derribe el Viento.

III

EL VIENTO Y YO

Pero el Viento, ese Viento que trabaja conmigo y que me guía, se ríe de mí también y levanta y revuelve las plumas de mi cola cuando me hincho demasiado, para dejar a la vista de todos la grotesca anatomía de mis huesos. Sin embargo, acaso me salve por mis huesos. Ahora escribo este libro porque Él lo ha querido. Lo doy a la estampa bajo su dirección y vigilancia, y probablemente para sacarme a la vergüenza, para mofarse de mí más de una vez y para imponer, a la larga, una censura rígida y un desdén implacable.

Porque el Viento es un exigente cosechero:
el que elige el trigo, la uva y el verso;
el que sella el buen pan,
el buen vino
y el poema eterno...
y al fin de cuentas, mi último antólogo fidedigno será Él:
el Viento,
el Viento que se lleva a la aventura el discurso y la
canción... ¡El Viento!
Antólogos... ¡el que decide es el Viento!

Con estos poemas que yo he llamado ya orgullosamente piedras firmes y que no son más que frágiles hojas de papel con unas pocas palabras escritas, seguirá jugando Él todavía y de todo lo que mi arrogancia cree tan sólido hoy, puede ser que no queden más que las huellas de mis lágrimas, perdidas en la lluvia y en el mar, y el grito de estopa de mi voz, aplastado por el trueno. Un manoteo desesperado de náufrago que sólo Él puede ver en la tormenta. Él será mañana el único testigo. Testigo desmemoriado que sólo de vez en cuando ofrece minúsculos vestigios de las cosas para que ciertos hombres pacientes y sagaces que buscan las piedras y los papeles rotos, los casen y los peguen, componiendo así, imperfecta y escuetamente lo que fue. Mas de este modo queda la historia sola en la tenacidad de sus huesos, de sus piedras y de sus símbolos,

> sin números,
> sin nombres
> y sin paños.

Y por los huesos petrificados donde ayer se incrustaron las plumas de las alas, tal vez se hable un día del vuelo de las águilas.

Para esta historia sucinta, ósea, pétrea y pertinaz debe darle el hombre al Viento su discurso y su canción, como le da la carne y los huesos a la tierra. ¡Que corra el espíritu su aventura como la materia, y a ver lo que se salva después! ¡Que corran todos la aventura en este cataclismo y a ver quién habla luego, dentro de cien siglos, como el cráneo de Neanderthal! Que ésta es la última palabra de la historia, que ésta es la historia, la historia desnuda y sonora del hombre: un cráneo,

> un cráneo duro,
> un solo cráneo,
> un cráneo común y universal,
> un instrumento musical de barro
> mostrenco, batido por la lluvia,
> cocido y recocido por el sol y rescatado
> por el viento;

una flauta sin amo
(esta flauta es de todos),
un caracol inmenso, duro y salado
donde suenan la vida, el mar,
el llanto...
y el Viento es el que sopla
en este único cráneo
viejo y sonoro... y hace la historia,
una historia desnuda,
sin números,
sin nombres,
y sin paños.

Corramos todos la aventura como los grandes símbolos de piedra sepultados que se levantan con sus aristas firmes y pueden al fin más que el Viento desmemoriado.

Corramos todos la aventura como este cráneo primero del mundo que comienza a decir ya unas palabras, pero que aún no puede responder a esta pregunta:

¿Quién soy yo?

Hablemos, sin embargo. Gritemos. Cantemos. Digamos nuestra doctrina y nuestros versos. Callarse es cobardía. Engreírse, necedad.

Y ahora que no hay nadie aquí en mi casa ni en el campo y comienza a soplar el vendaval, abriré la ventana y diré mi discurso y mi canción:

ALGUNAS SEÑAS AUTOBIOGRÁFICAS

1

Biografía, poesía y destino

La poesía se apoya en la biografía. Es biografía hasta que se hace destino y entra a formar parte de la gran canción del destino del hombre.

El poeta le cuenta su vida primero a los hombres;
después, cuando los hombres se duermen, a los pájaros;
más tarde, cuando los pájaros se van, se la cuenta a los
    árboles...
Luego pasa el Viento y hay un murmullo de frondas.
Y esto me ha dicho el Viento:
que el pavo real levante la cola y extienda su abanico,
el poeta debe mover sólo las plumas de sus alas.

Todo lo cual se puede traducir también de esta manera:
lo que cuento a los hombres está lleno de orgullo;
lo que cuento a los pájaros, de música;
lo que cuento a los árboles, de llanto.
Y todo es una canción compuesta para el Viento,
de la cual, después, este desmemoriado y único espectador
apenas podrá recordar unas palabras.
Pero estas palabras que recuerde son las que no olvidan
    nunca las piedras.

Lo que cuenta el poeta a las piedras está lleno de eternidad.
Y ésta es la canción del Destino, que tampoco olvidan las
    estrellas.

2

Quisiera decir cómo me llamo

Ando buscando hace ya tiempo una autobiografía poemática que sea a la vez corta, exacta y confesional. Corta. Como una cédula, como una ficha, más corta aún, como una tarjeta de visita; como una inscripción en una piedra dura, como una llamada, como un nombre en la sombra.

Busco un nombre solamente. Mi verdadero nombre (no mi nombre de pila ni mi nombre de casta), mi nombre legítimo, nacido del vaho de mi sangre, de mis humores y del viejo barro de mis huesos que es el mismo barro primero de la Creación, de donde salen las uñas y las alas; mi nombre escrito con las huellas de mis pies sobre la arena blanda, hasta meterse otra vez en el mar, dejando un eco inextinguible en el viento, delante de mí, y la vieja voz que me persigue, a las espaldas. Mi nombre auténtico que le ahorre tiempo al psicoanálisis, al confesor, al cronista y al portero del cielo o del infierno. Un rápido expediente para poder decir en seguida ante cualquier sospecha: éste soy yo. Un nombre nada más, para tirarlo sobre la mesa del Gran Juez, en el último registro del mundo. Mi timbre humano, auténtico y transferible, legítimo y comunal; mi nombre de hoy, de ayer y de mañana, tatuado sobre mi cuerpo palpitante. Mi nombre humano, tan actual, tan viejo y tan duradero como el quejido y el llanto, para llevarlo colgado orgullosamente del cuello y hacerlo sonar como una esquila en el gran rebaño del mundo y el día del Juicio Final. Un nombre por el que tengo que recibir y por el que tengo que pagar; por el que tengo que responder y por el que tengo que exigir. Nada de "Memorias". Yo no tengo memoria. Las "Memorias" cuentan lo que no cuenta. Mi gran experiencia, mi gran secreto, mi gran pecado, lo que dejo atrás, lo que me espera delante y el color de mi conciencia, creo que caben en las letras escuetas de este nombre.

Hay un gesto en mi cuerpo y un tono en mi voz que lo dirán todo rápidamente como un relámpago en este nombre que busco: de dónde vengo y a dónde voy. Y hay alguien en el universo que espera que yo diga este nombre como una consigna para abrirme la puerta. Mi autobiografía tiene que ser esta consigna. Y a la que tú tienes que responder. Cuando lleguemos a la Gran Puerta, sin documentos ya, y con todos los caminos arrollados bajo el brazo como planos inservibles, diremos todos la misma palabra: Hombre. Pero hablará uno solo: el Poeta. Para éste estamos trabajando todos y cada cual devana sus caminos... y busca su nombre.

Quiero decir quién soy para que tú me respondas quién eres.

Quiero decir lo que soy para afirmar lo que he sido y para prepararme a lo que he de venir a ser.

Mi yo está formado de un barro antiguo, de un pulso urgente y de un resplandor lejano.

Detrás de mí hay unas huellas sucias; delante, el guiño de un relámpago en la sombra y dentro de mi corazón, un deseo rabioso de saber cómo me llamo.

3

TAL VEZ ME LLAME JONÁS

Yo no soy nadie:
un hombre con un grito de estopa en la garganta
y una gota de asfalto en la retina.
Yo no soy nadie. ¡Dejadme dormir!
Pero a veces oigo un viento de tormenta que me grita:
"Levántate, vé a Nínive, ciudad grande, y pregona contra ella."
No hago caso, huyo por el mar y me tumbo en el rincón más oscuro de la nave
hasta que el Viento terco que me sigue,
vuelve a gritarme otra vez:
"¿Qué haces ahí, dormilón? Levántate."
—Yo no soy nadie:
un ciego que no sabe cantar. ¡Dejadme dormir!
Y alguien, ese Viento que busca un embudo de trasvase, dice junto a mí, dándome con el pie:
"Aquí está; haré bocina en este hueco y viejo cono de metal;
meteré por él mi palabra y llenaré de vino nuevo la vieja cuba del mundo. ¡Levántate!"

—Yo no soy nadie. ¡Dejadme dormir!
Pero un día me arrojaron al abismo,
las aguas amargas me rodearon hasta el alma,

la ova se enredó a mi cabeza,
llegué hasta las raíces de los montes,
la tierra echó sobre mí sus cerraduras para siempre...
(¿Para siempre?)
Quiero decir que he estado en el infierno...
De allí traigo ahora mi palabra.
Y no canto la destrucción:
apoyo mi lira sobre la cresta más alta de este símbolo...
Yo soy Jonás.

4

Y NO SÉ NADA

Yo no soy más que un hueco y viejo embudo de trasiego, abandonado en el repecho de la colina o en el rincón más oscuro de la cueva y por donde, a pesar de mi voluntad, que no quisiera más que dormir, el Viento sopla a veces, y articula unas palabras. Sin este Viento yo no he escrito jamás una letra. Soy realmente un ciego que no sabe cantar. Y no sé nada.

Puedo decir, no obstante, algunas cosas desde el sillón del psicoanálisis. Por ejemplo: que no me gusta escribir: que me pesa la pluma como una azada y que lo que me gusta es dormir, dormir, ¡dormir!

Tengo 58 años y aún no he aprendido un oficio; no sé pelar una manzana y las faltas de ortografía me las corrige mi mujer. Y como hechos fatales que no he podido remediar, estos tres: que soy español, que hablo demasiado alto y que, por no sé qué razones, esta manera de hablar les molesta mucho a los pedantes y a los rabadanes del mundo.

5

PERO ¿POR QUÉ HABLA TAN ALTO EL ESPAÑOL?

Sobre este punto creo que puedo decir también unas palabras.

Este tono levantado del español es un defecto, viejo ya, de raza. Viejo e incurable. Es una enfermedad crónica. Tenemos los españoles la garganta destemplada y en carne viva. Hablamos a grito herido y estamos desentonados para siempre, *para siempre* porque tres veces, tres veces, tres veces tuvimos que desgañitarnos en la historia para desgarrarnos la laringe.

La primera fue cuando descubrimos este Continente y fue necesario que gritásemos sin ninguna medida: ¡Tierra! ¡Tierra! ¡Tierra! Había que gritar esta palabra para que sonase más que el mar y llegase hasta los oídos de los hombres que se habían quedado en la otra orilla. Acabábamos de descubrir un mundo nuevo, un mundo de otras dimensiones al que cinco siglos más tarde, en el gran naufragio de Europa, tenía que agarrarse la esperanza del hombre. ¡Había motivos para hablar alto! ¡Había motivos para gritar!

La segunda fue cuando salió por el mundo, grotescamente vestido, con una lanza rota y con una visera de papel, aquel estrafalario fantasma de La Mancha, lanzando al viento desaforadamente esta palabra olvidada por los hombres: ¡Justicia! ¡Justicia! ¡Justicia!... ¡También había motivos para gritar!

El otro grito es más reciente. Yo estuve en el coro. Aún tengo la voz parda de la ronquera. Fue el que dimos sobre la colina de Madrid, el año 1936, para prevenir a la majada, para soliviantar a los cabreros, para despertar al mundo: ¡Eh! ¡Que viene el lobo! ¡Que viene el lobo! ¡Que viene el lobo!...

El que dijo *Tierra* y el que dijo *Justicia* es el mismo español que gritaba hace seis años nada más, desde la colina de Madrid a los pastores: *¡Eh! ¡Que viene el lobo!*

Nadie le oyó. Nadie. Los viejos rabadanes del mundo que escriben la historia a su capricho, cerraron todos los postigos, se hicieron los sordos, se taparon los oídos con cemento y todavía ahora no hacen más que preguntar como los pedantes: ¿pero por qué habla tan alto el español?

Sin embargo, el español no habla alto. Ya lo he dicho. Lo volveré a repetir: El español habla desde el nivel exacto del hombre, y el que piense que habla demasiado alto es porque escucha desde el fondo de un pozo.

6
El salmo

Hay otra razón de más peso todavía. Sucede, sucede que esas madres españolas, allá en Castilla sobre todo, donde yo abrí por primera vez los ojos a la luz, tienen la costumbre de arrullar a sus hijos con unas canciones de cuna cuyo tono está tomado de las modulaciones más altas de los salmos. Son monstruosos *lullabies*, más para despertar que para dormir. Las mujeres españolas arrullan y rezan al mismo tiempo, y el ritmo de cuna se les va continuamente al quejido y a la plegaria alta sin sentirlo. ¡También gritan! Digo esto para señalar tan sólo que el español tiene el tono del salmo tan en su sueño y en su sangre, y le es tan familiar como el tono del tango a un poeta argentino, por ejemplo.

Tan familiar le es que puede romper el versículo en veinte pedazos y quedar firme el grito y el lamento. Cuando quiebra la larga marcha horizontal y paralelística de los versos hebraicos, no es más que para ponerlos de pie y en puntillas, en una disposición vertical; y lo hace así porque a él se le antoja que de este modo siguen mejor la línea de la flecha y de la plegaria. Es un procedimiento genuinamente español. No es de ningún poeta singular. La poesía española ha rehusado siempre la larga caminata de los versos épicos y de los versículos bíblicos. Cuando la primitiva epopeya francesa entra en España con sus renglones interminables de dieciséis sílabas, el pueblo acaba por quebrarlos para formar el romance. Hemos preferido siempre la estrofa alta con dimensiones de lanzón de pararrayos. Fray Luis y San Juan vienen siempre de espigar en la Biblia, pero sus canciones tienen una estructura vertical de versos cortos. Nos gusta afilar los versos, encimarlos hasta formar torres finas, enhiestas y puntiagudas. Hay en esto un proceso semejante al tránsito del románico al gótico. Las altivas catedrales góticas son las recias y largas fortalezas eclesiásticas románicas puestas de pie, afiladas, buidas, disparadas. Aquí la oración se encuentra bien, mejor que antes. Y si esto es así ¿quién le pone reparos a la torre?

Digo esto también para afirmar que el salmo español par-

tido y verticalizado no es "gritito engreído de cante jondo",
como han dicho algunos atrevidos. Pero el cante jondo, por
lo demás, tiene un origen ilustre. Cuando no le retuerce en
arabescos sensuales y espurios el barroquismo torpe y gro-
tesco de la *flamenquería confitera* que anda mendigando por
los colmados andaluces y por las cantinas de Hispanoamé-
rica, suena a salmo todavía. No es una canción de puerto
cualquiera, que se pasan de boca en boca el marinero, la
prostituta, el mercader y los poetillas de arrabal. El cante
jondo y todas las canciones folklóricas españolas salieron
del templo, y desde la saeta hasta la jota tienen un arranque
decidido de plegaria. El único aliento religioso que se con-
serva hoy vivo en España es el que se ha salvado en la copla
popular. Mientras los púlpitos lo han ido secando todo en
la lobreguez de las iglesias, lo que salió fuera, lo que se lle-
varon el campesino y la gente humilde y sencilla, de los ri-
tos eclesiásticos, prendido a las capas y a los zagalejos como
el aroma del incienso, floreció en el campo, se renovó con
cada primavera y hoy, cuando la Iglesia está muerta, la ora-
ción palpita sólo en la canción de la faena y del descanso. La
Poesía es lo que se salva siempre de todas las liturgias. (El
salmo transformado y hecho copla en España, es la sola re-
liquia poética y viviente del rito judaico y católico.) Por eso
la España que se llevó la canción cree que la religión de
mañana será la Poesía viva y libre, y con una dimensión
nueva.

7

HAY DOS ESPAÑAS

Hay dos Españas: la del soldado y la del poeta. La de la es-
pada fratricida y la de la canción vagabunda. Hay dos Espa-
ñas y una sola canción. Y ésta es la canción del poeta va-
gabundo:

> Soldado, tuya es la hacienda,
> la casa,
> el caballo
> y la pistola.

Mía es la voz antigua de la tierra.
Tú te quedas con todo y me dejas desnudo y
errante por el mundo...
Mas yo te dejo mudo... ¡mudo!
y ¿cómo vas a recoger el trigo
y a alimentar el fuego
si yo me llevo la canción?

8

¡EL SALMO ES MÍO!

Y la España que se llevó la canción, se llevó el salmo
también.

Jamás oí en las catedrales españolas un salmo afilado que
se pudiese clavar en el cielo, en la tierra o en la carne del
hombre.

Y siempre me preguntaba al entrar en las iglesias: ¿dónde estará el salmo? ¿dónde le habrán escondido los canónigos?

Durante el expolio de la última guerra española, lo encontré. Lo habían guardado los sacristanes en una vitrina y allí
lo retenían como un idolillo inútil ya y sin sentido, para
que lo contemplasen la erudición eclesiástica, los poetas pedantes y los turistas.

Me lo llevé. Entonces me lo llevé. Al final ya de la contienda, allá por los últimos días del año 1938, cuando los
"rojos" se habían ya incautado de las iglesias y de los ornamentos sagrados (de los utensilios y los cubiletes de los
malabaristas y de los mercaderes del templo), yo me llevé
el salmo.

Denunciadme al Sumo Pontífice, dadle mis señas, mostradle mi cédula (este libro es mi cédula).

Decidle que eso que va aullando en la ráfaga negra del
Viento, por todos los caminos de la Tierra... es el salmo.
Y que yo me lo llevo, que me lo llevo en mi garganta, que
es la garganta rota y desesperada del hombre a quien él ha
dejado sin altar y sin tabernáculo.

No me lo robo. Me lo llevo... ¡lo rescato! El salmo es
mío... ¡del poeta! El salmo es una joya que les dimos en
prenda los poetas a los sacerdotes.

¡Fue un préstamo!

Y ahora me lo llevo.

Cuando los arzobispos bendicen el puñal y la pólvora y
pactan con el sapo iscariote y ladrón... ¿para qué quieren
el salmo?

El poeta lo rescata... se lo lleva, porque el salmo es del
poeta... ¡Mío!... ¡El salmo es mío!

9

EL SALMO FUGITIVO

La vieja viga maestra que se vino abajo de pronto
estaba sostenida sobre un salmo.
El salmo sostenía la cúpula
y también el techo de la lonja.
Y al desplomarse el salmo
se hundió todo el reino.

Cuando el salmo se quiebra
el mercader cambia las medidas
y achica la libra y el almud.
Oíd:
Los salmistas caminan delante del juez,
y si el salmo se rompe, se rompe la ley.

La vieja viga maestra que se vino abajo de pronto,
estaba sostenida sobre un salmo.
El salmo sostenía la cúpula
y también la espada y el rencor,
y al desplomarse el salmo
vino la guerra;
y el salmo se hizo llanto,
y el llanto grito...
y el grito blasfemia.

Pero el salmo está aún de pie.
Se fue de los templos, como nosotros de la tribu
cuando se hundieron el tejado y la cúpula
y se irguieron la espada y el rencor.
Ahora es llanto y es grito...
pero aún está de pie,
de pie y en marcha
sin ritmo levítico y mecánico,
sin rencor ni orgullo de elegido,
sin nación y sin casta
y sin vestiduras eclesiásticas.

Oídle... miradle...
Viene aullando en la ráfaga negra de todos los vientos
por todos los caminos de la Tierra.
Es esa voz
loca,
ronca,
ciega,
acorralada en la noche del mundo,
angustiada y suplicante,
sin lámpara y sin luna
que pregunta agarrada en agonía
a la pez de pellejo que embadurna
estrellas y senderos,
umbrales y ventanas:
¡Señor! ¡Señor! ¿por dónde se sale?
¿Sabes tú por dónde se sale?
¿Lo sabe el hombre de la fuerza?
¿Lo sabe el hombre de la Ley?
¿Lo sabe el hombre de la mitra?
¿Lo sabe el filósofo inalterable y deshumanizado?
¿Lo sabe el tocador de flauta?...
Pues entonces... ¡Dejadme llorar!
El llanto es la piqueta que se clava en la sombra,
la piqueta que horada el murallón de asfalto
donde se estrellan la razón y la soberbia.
El ritmo,
el número

y el coro
los ha engendrado el llanto.
Y ahora aquí el módulo es la lágrima...
y se sale por el taladro del gemido.
¡Dejadme gritar!
Que ahora aquí, en el mundo de las sombras,
el grito vale más que la ley,
más que la razón,
más que la dialéctica...
Mi grito vale más que la espada,
más que la sabiduría
y más que la Revelación...
Mi grito es la llamada, en la puerta, de otra Revelación.

¡Cantad, llorad todos, gritad, Poetas!
Haced de vuestras flautas un lamento
y de vuestras arpas un gemido.
Gritad:
No hay pan,
sí hay pan,
dónde está el pan.

No hay luz,
sí hay luz,
dónde está la luz.

Sin negar,
sin afirmar,
sin preguntar,
gritad sólo.
El que lo diga más alto es el que gana.
No hay Dios,
sí hay Dios,
dónde está Dios...
El que lo diga más alto es el que gana.
Gritad... gritad... ¡Aullad!

10

La calumnia

¿Y si yo me llamase Walt Whitman? A este viejo poeta americano de la Democracia le he justificado yo, le he prolongado, le he traducido, le he falsificado y le he contradicho. Sí, le he contradicho ¿y qué? ¿No se ha contradicho él también? El hombre es el que se contradice y el que no sabe traducirse a sí mismo. El hombre "es indomable e intraducible". Alguien me ha insultado porque no sé traducir. Y me ha llamado calumniador. Y acaso yo no sea más que un calumniador *de mí mismo*. Después de tanto empeñarme por ser sincero conmigo y con los demás, en la mesa del psicoanálisis, en el confesionario, en la taberna, en el banquillo, delante del juez, en el cubo del pozo y en mis propios poemas, es posible que yo no haya hecho más que calumniarme a mí mismo. Y siempre me moriré preguntando: ¿Quién soy yo? Sí. ¿Quién soy yo? ¿Y quién eres tú?

¿Venimos a crecer o a purgar?
¿Nos abrieron la puerta o la forzamos?
¿Quién estaba allí cuando partimos?
¿Quién nos despidió en el otro lado?
¿El gorila
o el ángel desterrado?

Conformémonos con preguntar sin decidir nada porque cualquiera afirmación podría ser una calumnia.

No sé quién soy ni de quién hablo muchas veces, ni a quién calumnio cuando estoy borracho, *como no sea al hombre*.

Pero ya hay profesores sagaces de la palabra y del espíritu; eruditos y psiquiatras que saben muy bien de dónde viene el poeta, a dónde va y qué es lo que quiere decir. ¡Oh, sabios honorables, vigilantes y beneméritos! Gracias a vosotros, el poeta podrá morirse ya tranquilamente. Vosotros cuidaréis de descifrar y de explicar su testamento.

Lo que hago con el libro de Jonás y con el libro de Job, lo hago también con el de Whitman si se le antoja al Viento. Cambio los versículos y los hago míos porque estoy en un terreno mostrenco, en un prado comunal, sobre la verde yerba del mundo, *upon leaves of grass*. Y ¿qué es la yerba?

Tal vez es la bandera de mi amor tejida con la sustancia
   verde de la esperanza,
tal vez es el pañuelo de Dios,
un regalo perfumado que alguien ha dejado caer con una
   intención amorosa;
acaso en alguno de sus picos ¡mirad bien! hay un nombre,
   una inicial
por donde conozcamos a su dueño.

Estoy sobre el pañuelo de Dios. Estoy sobre el repecho verde de la colina en donde sopla el Viento. Estoy en mi casa. Y yo, que no me atrevería nunca a cambiar las frases de una gacetilla o los signos de una crónica temporal, no tengo empacho aquí, ahora, en cambiar a mi manera las palabras de Whitman y las palabras de Jehová. (En la crónica temporal, lo esencial es la palabra que nadie debe trastornar; en la crónica poética o en el versículo sagrado lo esencial es el espíritu que yo no cambio nunca aunque modifique las palabras y quiebre la forma.) Los Cantos 44 y 45 de *Song of Myself* están contenidos ya en el Capítulo VIII de los Proverbios. Yo no sé si Whitman lo sabía. Los *scholars* dirán que casi es una paráfrasis. (Que lo discutan y lo aclaren, que ése es su oficio.) Yo he entrado en la traducción de estos dos Cantos con tanta libertad, que ahora mismo, al volver a leerlos, ya no sé si son de la Biblia, de Whitman o míos. (*Míos* quiere decir del embudo y del Viento.)

12
¿Qué es la Biblia?

Me gusta remojar la palabra divina, amasarla de nuevo, ablandarla con el vaho de mi aliento, humedecer con mi saliva y con mi sangre el polvo seco de los Libros Sagrados y volver a hacer marchar los versículos quietos y paralíticos con el ritmo de mi corazón. Me gusta desmoronar esas costras que han ido poniendo en los poemas bíblicos la rutina milenaria y la exégesis ortodoxa de los púlpitos, para que las esencias divinas y eternas se muevan otra vez con libertad. Después de todo, digo otra vez que estoy en mi casa. El poeta, al volver a la Biblia, no hace más que regresar a su antigua palabra, porque ¿qué es la Biblia más que una Gran Antología Poética hecha por el Viento y donde todo poeta legítimo se encuentra? Comentar aquí, para este poeta, no es más que recordar, refrescar, ablandar, vivificar, poner de pie otra vez el verso suyo antiguo que momificaron los escribas. Cristo vino a defender los derechos de la Poesía contra la intrusión de los escribas, en este pleito terrible que dura todavía, como el de los Sofistas contra la Verdad.

13
La blasfemia es un señuelo

Pero acaso me llame también Job. Porque si no ¿de quién son estas llagas? y ¿para qué sirve el llanto?... ¿Por qué hemos aprendido a llorar?

Yo he llorado, sí. Y he llorado porque la lepra me llega hasta los tuétanos. Luego he visto que a los demás les llega tan adentro como a mí y he dicho: la culpa la tienen el arzobispo y el poeta. El salmo y la canción no son ya caminos. Buscaré a Dios por otros derroteros. Y me he puesto a gritar y a blasfemar porque pienso, como Job, que éste es un buen señuelo para cazar a Jehová. Aún no le he encontrado; ni le he visto siquiera.

"¡Oh, quién me diese el saber dónde poder hallarlo!"

Pero ya han empezado a llegar y a amonestarme *los sabios impasibles*. Ya han hablado el preceptista, el fariseo y el filósofo. Hablarán los que faltan. Cada cual traerá como Elifaz, como Bilda, como Zafar y como el joven Elihú sus buenos argumentos en la mochila. Yo seguiré blasfemando. Y al final, cuando hable Dios desde el torbellino, veremos a quién le da la razón.

14

Soy un vagabundo

Yo no soy más que un hombre sin oficio y sin gremio,
no soy un constructor de cepos. ¿Soy yo un constructor de
cepos?
¿He dicho alguna vez: Clavad esas ventanas, poned vidrios
y pinchos en las cercas?
Yo he dicho solamente: No tengo podadera, ni tampoco un
reloj de precisión que marque exactamente los rítmicos
latidos del poema.
Pero sé la hora que es.
No es la hora de la flauta.
¿Piensa alguno que porque la trilita dispersó los orfeones
tendremos que llamar de nuevo a los flautistas?
No.
No es ésta ya la hora de la flauta.
Es la hora de andar, de salir de la cueva y de andar...
de andar... de andar... de andar.

Yo soy un vagabundo,
yo no soy más que un vagabundo sin ciudad, sin decálogo y
sin tribu.
Y mi éxodo es ya viejo.
En mis ropas duerme el polvo de todos los caminos
y el sudor de muchas agonías.
Hay saín en la cinta de mi sombrero,
mi bastón se ha doblado

y en la suela de mis zapatos llevo sangre, llanto y tierra de
   muchos cementerios.
Lo que sé me lo han enseñado
el Viento,
los gritos
y la sombra... ¡la sombra!

15

LA POESÍA ESTÁ EN LA SOMBRA

Y digo que la Poesía está en la sombra,
en la sombra del mundo donde el hombre ciego se revuelve
   y grita...
que es un grito en la sombra,
que es un coro de gritos que quieren burlar la sombra,
escapar de la sombra,
alancear la sombra,
asesinar la sombra...
La Poesía está escondida en la sombra.
¿Quién la quiere esconder más todavía?
¿No hay bastantes cerrojos?
No son cerrojos,
ni puertas clavadas,
ni paredes de musgo,
ni ventanas herméticas
lo que necesita la palabra del hombre...
sino escalas,
escalas y hogueras
y piquetas y gritos... ¡gritos!
El poema es un grito en la sombra como el salmo,
hoy no es más que un salmo en la sombra,
y también una tea encendida en la niebla.
La sombra es tuya y mía
y hoy más negra que nunca.
La sombra es de todos...
y el salmo y el grito también.

Y yo, el hombre, ¿ya no puedo gritar,
ya no puedo llorar?
¿Job ya no puede lamentarse con la angustia de su espíritu
ni plañir con la amargura de su alma?
¿Tiene que refrenar la boca?
¿Ya no puede decir: Aunque hoy es amarga mi queja, mi
    herida es más grave que mi gemido?
¿Ya no puede gritar: Por qué no me morí yo desde la matriz?
¿Por qué se me pusieron delante los pechos para que
    mamase?
Yo, el hombre, ¿no puedo arremeter ahora contra el muro
    macizo del misterio?
¿No hay más que una piqueta?
La Poesía... ¿es vuestra solamente?
Mientras haya una sombra en el mundo, la Poesía es mía
y de Job y de todos los hombres de la sombra.
Mañana será de la luz, pero hoy la Poesía es de la sombra.
¿Quién es capaz de recluirla?
Hoy... ahora... ¿quién se atreve a quitármela?
¿Quién
quién quiere apagar mi canto,
mi canto de música y de piedra —alarido y guijarro?
¿No puedo golpear ahora con él,
ahora, ahora mismo en la puerta de la injusticia y del tirano,
en el pórtico del silencio y las tinieblas?
¿No puedo golpear ahora con él
en el claustro callado del cielo,
en el pecho mismo de Dios...
para pedir una rebanada de luz?
Porque somos mendigos...
¡no somos más que mendigos en la sombra!
¿No puedo yo cantar en la sombra?
¿No puedo yo gritar en la sombra?
Para que grite conmigo busco yo al hombre y le digo:
La Poesía es un canto en la sombra, canta conmigo;
canta, canta y grita... ¡grita!
porque Dios está sordo y todos se han dormido allá arriba.
La Poesía es el derecho del hombre
a empujar una puerta,

a encender una antorcha,
a derribar un muro,
a despertar al capataz
con un trueno o con una blasfemia.
Porque Job se quejó,
y cantó
y lloró
y gritó
y blasfemó
y pateó furioso en la boca cerrada de Dios...
¡habló Jehová desde el torbellino!

16

¡QUE HABLE OTRA VEZ!

Todas las lenguas en un salmo único,
todas las bocas en un grito único,
todos los ojos en un llanto único
y todas las manos en un ariete solo
para derribar la noche,
para rasgar el silencio,
para echar de nosotros la sombra...
¡para que hable de nuevo Jehová!
¡Habla!... ¡Habla!...
¿No hablaste ya un día para responder a los aullidos de un
    solo leproso?
Pues habla ahora con más razón,
ahora,
ahora que la Humanidad,
ahora que toda la Humanidad
no es más que una úlcera gafosa, delirante y pestilente,
ahora que toda la costra de la Tierra es una llaga purulenta
    y Job el leproso colectivo.
Habla otra vez desde el torbellino,
que el hombre te contestará desde su inmenso muladar, tan
    grande como tu gloria,
y sentado sobre un Himalaya de ceniza...
¡Habla!

17

DIÁLOGO ENTRE JEHOVÁ Y EL HOMBRE

J.—Cíñete pues los lomos como hombre valeroso. Yo te preguntaré y tú me harás saber.

H.—Pregunta.

J.—¿Has pisado tú por las honduras recónditas del abismo?

H.—No, pero he entrado en el imperio corrosivo y sin límites de la injusticia.

J.—¿Sabes tú cuándo paren las cabras monteses?

H.—No, pero sé cuándo el arzobispo bendice el puñal y la pólvora.

J.—Y en cuanto a las tinieblas... ¿dónde está el lugar de las tinieblas?

H.—En la mirada y en el pensamiento de los hombres... ¡Tuya es la luz!

J.—¿Y has penetrado tú hasta los manantiales del mar?

H.—No, pero he llegado hasta el venero profundo de las lágrimas... ¡Mío es el llanto!

H.—Y ahora pregunta el hombre, ahora pregunto yo... y tú me harás saber:

¿Para qué sirve el llanto?

Si no es para comprarte la luz... ¿para qué sirve el llanto?

¿Por qué hemos aprendido a llorar?

El llanto ¿no es más que la baba de un gusano?

¿Lloramos sólo porque tú has apostado con Satán?

Nuestra lepra,

esta lepra de ahora

¿ha salido también del gran cubilete de tus dados?

Ya sé, ya sé que somos tan sólo una jugada tirada sobre la mesa verde de tu gloria;

ya sé, ya sé que apuestas ahí arriba con el diablo, a la luz y a la sombra, como al rojo y al negro en un garito...

Que ahora ha salido el negro,

que ha triunfado la sombra,

que Satán te ha vencido.

¿Y yo no soy más que una ficha,
una moneda,
una res,
un esclavo...
el objeto que se apuesta,
lo que va de un paño a otro paño,
de una bolsa a otra bolsa?

¡Oh, no!
Yo puedo gritar,
yo puedo llorar,
yo puedo ofrecer mi llanto, todo mi llanto por la luz... ¡por
    una gota de luz!

Sí, sí.
Yo puedo llorar
y gritar
y patear
y denunciar la trampa.
¡Llorar, llorar, llorar!
Y aunque sueltes sobre mi boca
todos los ladridos del trueno, me oirás.
Y aunque arrojes sobre las cuencas de mis ojos las lluvias
    y los mares,
la amargura de mis lágrimas te llegará hasta la lengua.
¡Tuya es la luz!... ¡pero el llanto es mío!

LA ESCLAVA

P.—¡Oh, muerte! Ya sé que estás ahí. Ten un poquito de
   paciencia.
M.—Son las tres. ¿Nos iremos cuando se vayan las estrellas,
cuando canten los gallos, cuando la luz primera grite con su
   clarín desde la sierra,
cuando abra el sol una rendija cárdena entre el cielo y la
   tierra?
P.—Ni cuando tú lo digas ni cuando yo lo quiera.
He venido a escribir mi testamento. Cuando escriba mi
   última blasfemia
se me caerá la pluma, se romperá el tintero sin que nadie lo
   mueva,
se verterá la tinta y, sin que tú la empujes, se abrirá de par
   en par la puerta.
Entonces nos iremos. Mientras...
cuelga tu guadaña con mi cachava en el perchero del pasillo
   y siéntate... ¡Siéntate y espera!

1

No he venido a cantar

No he venido a cantar, podéis llevaros la guitarra.
No he venido tampoco, ni estoy aquí arreglando mi
   expediente para que me canonicen cuando muera.
He venido a mirarme la cara en las lágrimas que caminan
   hacia el mar,
por el río
y por la nube...
y en las lágrimas que se esconden

170

en el pozo,
en la noche
y en la sangre...

He venido a mirarme la cara en todas las lágrimas del
  mundo.
Y también a poner una gota de azogue, de llanto, una gota
  siquiera de mi llanto
en la gran luna de este espejo sin límites, donde me miren y
  se reconozcan los que vengan
He venido a escuchar otra vez esta vieja sentencia en las
  tinieblas:
Ganarás el pan con el sudor de tu frente
y la luz con el dolor de tus ojos.
Tus ojos son las fuentes del llanto y de la luz.

2

Pero diré quién soy más claramente

Pero diré quién soy, más claramente, para que no me ladre
  el fariseo
y para que registren bien mi ficha
el psicoanálisis,
el erudito
y el *detective:*
Soy la sombra,
el habitante de la sombra
y el soldado que lucha con la sombra.
Y digo al comenzar:
¿Quién no tiene una joroba y un gran saco de lágrimas?
¿Y quién ha llorado ya bastante?
La luz está más lejos de lo que contaban los astrónomos,
y la dicha más honda de lo que cantabas tú, Walt Whitman.
¡Oh, Walt Whitman! Tu palabra *happiness* la ha borrado mi
  llanto.
La vida, arrastrándose, ha cubierto el mundo de dolor y de
  lágrimas.

Éste es el mantillo de la tierra,
el gran cultivo junto al cual la esperanza de Dios se ha
sentado paciente.
De la amiba a la conciencia se asciende por una escala de
llanto.
Y esto que ya lo saben los biólogos
lo discuten ahora los poetas.
Han llorado la almeja y la tortuga,
el caballo,
la alondra
y el gorila...
Ahora va a llorar el hombre.
El hombre es la conciencia dramática del llanto.
Antes que yo lo habéis dicho vosotros, ya lo sé.
Y yo digo además:
Esta fuente es mía... y no la explota nadie.
Nadie me engañará ya nunca:
mi llanto mueve los molinos
y la correa de la gran planta eléctrica.
De mi sudor vivió el rey,
de mi canción, el pregonero
y de mi llanto, el arzobispo.
Sin embargo, mi sangre es para el altar.
Sacad de los museos esa gran piedra azteca y molinera,
afilad otra vez el navajón de pedernal,
rasgadme el pecho de la sombra
y dad mi sangre al sol.
¡Que hay algo que los dioses no pueden hacer solos!

3

ÉSTAS SON MIS LLAVES

He venido a sembrar mis huesos otra vez
y a abrir las acequias de mis venas.
Éstas son mis llaves:
sacad el trigo por la puerta.
El hombre está aquí para cumplir una sentencia,
no para imponerla.

172

Que suba al ara como la paloma y el cordero.
Y que hable el juez desde su cruz, no desde su silla.
Levantad el patíbulo,
pero con cada criminal, que muera un justo.
Haced del patíbulo un altar y decid:
Señor, te damos nuestra sangre:
la de la oveja negra
y la de la oveja blanca...
la de los gángsters
y la de los cristos.
Toda la sangre es roja...
y humus para la tierra agonizante.
Con Cristo, pero en los Olivos y en la cruz:
con la fiebre y la hiel,
con la sed y la esponja,
con la sombra y el llanto,
en la humedad cerrada de la angustia,
en el reino de la semilla y de la noche,
esperando... esperando a que broten de nuevo
la espiga,
la aurora
y la conciencia.

4

REGAD LA SOMBRA

"¡Padre, Padre!,
¿por qué me has abandonado?"

¡Silencio!
El Padre nunca duerme.
Las tumbas son surcos
y abril, el gran mago,
me ha de decir otra vez: Abre la puerta y vete.
Abril es este llanto,
el agua que levanta los muertos y la espiga.

Dejad que llore el hombre
y se esconda en la muerte.

No maldigáis las lluvias y la noche...
¡Regad la sombra!
(¿O he de volver mañana
a contar otra vez
los escalones de los sótanos?)

Tres segundos en la angustia son tres días,
tres días en la historia son tres siglos
y tres siglos, un compás de danza solamente.

Al tercer día se romperá la cáscara del huevo,
abrirá su ventana la semilla
y se caerán las piedras de las tumbas.

Me robasteis el trigo y los panes del horno,
pero aún tengo las lluvias y mi carne.
¿Quién puso centinelas en los surcos?
Cristo es la vida
y la vida, la cruz.

El sudario de un dios
fue el pañal de los hombres.
Me envolvisteis en llanto cuando vine,
he seguido vistiéndome con llanto
y el llanto es ahora mi uniforme...
Mi uniforme y el tuyo
y el de todos los hombres de la tribu.
Cristo es ya la tribu.
Vamos sobre sus mismas lágrimas.
Por estas viejas aguas
navegaré en mi barca hasta llegar a Dios.
¡Terrible y negro es el camino!
(¡Y hay quien merca
con la tormenta,
con la sombra
y el miedo!)

NAVEGA

Arrodíllate y reza.
No. Navega,
navega sobre tu llanto.

Marinero:
lágrimas,
lágrimas,
lágrimas...
la nube... el río... el mar.

Que no me tejan pañuelos
sino velas.
Que no me consuele nadie,
que no me enjuguen el llanto,
que no me sequen el río.
Lloro para que no se muera el mar,
mi padre el mar, el mar
que rompe en las dos playas,
en las dos puertas sin bisagras del mundo,
con el mismo sabor viejo y amargo
de mi llanto. Yo soy el mar.
Soy el navegante y el camino,
el barco y el agua...
y el último puerto de la ruta.

Y allá,
más allá del mar...
al final de mis lágrimas
está la isla que busca el navegante.

6

LA ESPADA

En el principio creó Dios la luz... y la sombra.
Dijo Dios: Haya luz

y hubo luz.
Y vio que la luz era buena.
Pero la sombra estaba allí.
Entonces creó al hombre.
Y le dio la espada del llanto para matar la sombra.
La vida es una lucha entre las sombras y mi llanto.
Vendrán hombres sin lágrimas...
pero hoy la lágrima es mi espada.

Vencido he caído mil veces en la tierra,
pero siempre me he erguido apoyado en el puño de mi
     espada.
Y el misterio está ahí,
para que yo desgarre su camisa de fuerza con mi llanto.

El llanto no me humilla.
Puedo justificar mi orgullo:
el mundo nunca se ha movido
ni se mueve ahora mismo sin mi llanto.

No hay en el mundo nada más grande que mis lágrimas,
ese aceite que sale de mi cuerpo
y se vierte en la tumba
al pasar por las piedras molineras
del sol y de la noche.

Dios contó con mis lágrimas desde la víspera del Génesis.
Y ahí van corriendo, corriendo,
gritando
y aullando
desde el día primero de la vida, a la zaga del sol.

Luz...
cuando mis lágrimas te alcancen,
la función de mis ojos ya no será llorar
sino ver.

Todos tendremos para pagar la entrada

Canalizaremos nuestras lágrimas
y regaremos nuestra hacienda:
hemos llorado en el desierto.

Se acuñará la lágrima
como se acuña el oro.

Y un hombre sin llanto
será una bolsa vacía.

Pero todos tendremos para pagar la entrada.
Y en la gran fiesta del juicio final
nos sentaremos junto al Padre con el arcángel
como los héroes y como los santos.

Yo soy el hijo de mi carne, de mi predio,
de lo que da mi cuerpo: lágrimas.
El hombre es hijo de sus lágrimas...
y Dios no da nada de balde.
Todo se paga con sangre y con el sudor de la sangre,
¡con llanto, con llanto!
y se gana la luz... como se gana el pan.

No hay gracia:
la gracia es rédito o es préstamo.

No hay limosna:
que nadie paga más caro su pan que los mendigos.

El halo del santo, como el laurel del héroe,
no es una merced... es una conquista.

Y el *simple*...
también paga su *gracia*.

Hay una puerta que Dios no puede abrir
y un murallón que no puede tumbar.

Ahora soy yo quien tiene que descubrir salidas y horizontes,
y Dios no puede hacer más que esperar... ¡que esperarme!

8

LA ESCLAVA

Dios no es más que un mercader,
un buen mercader (ni sórdido ni pródigo)
que cotiza mi llanto para vender su luz.
Dios no es más que un vendedor,
un vendedor de esclavas,
y la luz, una esclava...
¡La Esclava!
Lágrimas,
lágrimas,
lágrimas...
el dinero del pacto,
el tesoro del arca,
el precio de la luz...
¡el rescate orgulloso de la Esclava!

9

¿Y NO VALE ESTE LLANTO?

También vale este llanto,
también éste es dinero
para el rescate de la Esclava, también éstas son lágrimas que
    cuentan:
las que no se vertieron,
las que nunca salieron de los ojos
o si salieron
ni se contaron
ni se vieron.

Las que cayeron en la sombra,
las que dejamos en el suelo
todos los hijos pródigos del mundo,
todos los argonautas del ensueño,
los imantados por el Verbo,
que en una noche oscura y decisiva,
reteniendo el aliento,
andando de puntillas, con los zapatos en la mano,
pisando con la carne en el silencio,
abandonamos al Padre y salimos
de la casa paterna por el postigo del huerto
sin que nadie nos viese...
llevados por un viento
más fuerte que el amor y que la casta,
porque somos soldados de un ejército
donde la espada del Destino corta
las lianas de amor que abrazan nuestro cuerpo,
y las raíces duras
que nos clavan al suelo.
También éstas son lágrimas que cuentan.

Y las que estrangulamos en silencio
cuando encontramos a los hermanos
y a los amigos muertos.
También éstas son lágrimas que valen.
Y las que estrangularon ellos
cuando subieron al patíbulo.
Nadie nos explicó. Muy callados, unos hombres dijeron:
fueron leales a "la causa",
¡por "la causa del caudillo" murieron!
Yo dije: No. No hay causas rojas ni blancas.
Los caudillos no son más que pretextos.
¡Por la Esclava!...
También éste es dinero
para el rescate de la Esclava... ¡Por la Esclava!
¡por "la causa de la Esclava" murieron!

Y las terribles,
las lágrimas terribles que tendremos

que tragarnos mañana
cuando haga falta un saco o un ladrillo para rellenar el
    invisible parapeto
y digamos impávidos, con el pulso en su sitio:
aquí está nuestro cuerpo.
(No os hablo ahora más claro
porque para vosotros aún no es tiempo,
pero yo sé muy bien
por qué digo y escribo todo esto.)

Y el llanto` que se niega también vale:
el del valiente matutero
que dice: yo no llevo nada, registradme,
tengo los ojos secos.
Los hombres nunca lloran.
Y luego,
vacía en un rincón la bolsa
del contrabando que escondía en el pecho...

Y el llanto que nunca viera nadie
en los ojos ocultos del guerrero
y oxidó, sin embargo, la visera
y el barbote del yelmo.
(El salitre del llanto en la armadura
es, muchas veces, eso
que el anticuario llama
el orín corrosivo del tiempo.)

Y el llanto que nos viene de la sombra,
el llanto que vertemos
sin conciencia
y sin resortes, en el lecho.
¿Nunca habéis llorado dormidos?
Las sábanas, a veces, no son más que grandes pañuelos.
¡También cuenta el llanto
desconsolado de los sueños!

Y el que el payaso cínico escondió
bajo el maquillaje de yeso;

y el que tuvo que guardarse en la joroba
el contrahecho;
y el que dejó escapar el sodomita
por el ojal izquierdo;
y el que escamoteó el prestidigitador
por el sombrero...
¡También cuenta el llanto extraviado
que se traga la arena del desierto!
Y el que taponó la prostituta,
y el que taponó el sepulturero,
y el llanto esterilizado
de los cirujanos y los médicos
que se queda entre los algodones
y entre los antisépticos;
y el que se bebieron los borrachos
y el que se repartieron en secreto,
como buenos amigos y cofrades,
los locos y el loquero;
y el que no pudo verter el suicida
por los lagrimales resecos
y tuvo que verterlo por la espita
que se abrió en el parietal derecho.
También éstas son lágrimas que cuentan.

Y las que se escurrieron
transformadas en rabia por los canales de la sangre,
las que emponzoñaron nuestro cuerpo
y, hechas babas después, salieron por la boca
en un ataque epiléptico;
y las que se quedaron allá abajo,
en el subsuelo
y no pueden subir
porque se ha descompuesto
el mecanismo artesiano del pozo
al que ya no le mueve ningún viento.
Y el llanto que se pudre,
y el llanto hecho veneno,
y el llanto hecho blasfemia también vale.
Y el llanto de los fetos

robados a la luna
con palancas de pólvora y barreno.
Y el llanto hecho sudor de la agonía,
que se queda en el cuerpo,
empapa la mortaja
y rezuma por los tablones del féretro...
y el llanto póstumo
que aún le sale a los muertos
bajo tierra,
como las uñas y como los pelos.

10

LOS MUERTOS VUELVEN

Los muertos vuelven,
vuelven siempre por sus lágrimas.
El poeta que se fue tras los antílopes
regresará también.
Nuestras lágrimas son
monedas cotizables.
Guardadlas todas... todas,
para las grandes transacciones.
Hay estrellas lejanas
y yo sé lo que cuestan.

11

¡EH, MUERTE, ESCUCHA!

Y ahora pregunto aquí: ¿quién es el último que habla,
el sepulturero o el Poeta?
¿He aprendido a decir: Belleza, Luz, Amor y Dios
para que me tapen la boca cuando muera,
con una paletada de tierra?
No.
He venido y estoy aquí,
me iré y volveré mil veces en el Viento
para crear mi gloria con mi llanto.

182

¡Eh, muerte... escucha!
Yo soy el último que hablo:
el miedo y la ceguera de los hombres
han llenado de viento tu cráneo,
han henchido de orgullo tus huesos
y hasta el trono de un dios te han levantado.

Y eres necia y altiva
como un dictador totalitario.
Tiraste un día una gran línea negra
sobre el globo terráqueo;
te atrincheraste en los sepulcros y dijiste:
"Yo soy el límite de todo lo creado."
¡Atrás!
¡Atrás, seres humanos!
Y no eres más que un segador,
un esforzado segador... un buen criado.

Tu guadaña no es un cetro
sino una herramienta de trabajo.

En el gran ciclo,
en el gran engranaje solar y planetario,
tú eres el que corta la espiga,
y yo ahora... el grano,
el grano de la espiga que cae
bajo tu esfuerzo *necesario*.
Necesario... no para tu orgullo
sino para ver cómo logramos
entre todos
un pan dorado y blanco.

Desde tu filo iré al molino.
En el molino me morderán las piedras de basalto,
como dos perros a un mendigo
hasta quitarme los harapos.
Perderé la piel, la forma
y la memoria de todo mi pasado.
Desde el molino iré a la artesa.

En la artesa me amasarán, sudando,
y sin piedad
unos robustos brazos.
Y un día
escribirán en los libros sagrados:
El segundo hombre fue de masa cruda
como el primero fue de barro.

Luego entraré en el horno... en el infierno.
Del fuego saldré hecho ya pan blanco
y habrá pan para todos.
Podréis partir y repartir mi cuerpo en miles y millones de
    pedazos,
podréis hacer entonces con el hombre
una hostia blanquísima... el pan ázimo
donde el Cristo se albergue.

Y otro día dirán en los libros sagrados:
El primer hombre
fue de barro,
el segundo de masa cruda
y el tercero de pan y luz.
                     Será un sábado
cuando se cumplan las grandes Escrituras..
Entre tanto,
a trabajar con humildad y sin bravatas,
Segador Esforzado.

12

EL SALTO

Somos como un caballo sin memoria.
somos como un caballo
que no se acuerda ya
de la última valla que ha saltado.

Venimos corriendo y corriendo
por una larga pista de siglos y de obstáculos.

De vez en vez, la muerte...

¡el salto!

y nadie sabe cuántas
veces hemos saltado
para llegar aquí, ni cuántas saltaremos todavía
para llegar a Dios que está sentado
al final de la carrera...
esperándonos.

Lloramos y corremos,
caemos y giramos,
vamos de tumbo en tumba
dando brincos y vueltas entre pañales y sudarios.

13

LLORO COMO UN GUERRERO

Escuchadme ahora bien.
Y que quede esto claro en el proceso:
Muero como un soldado,
lloro como un guerrero.

Y lloro con los hombros,
con las uñas,
con el sexo,
con los músculos,
con las entrañas
y con el cerebro
para romper tabiques,
placentas,
términos,
lenguajes,
sepulcros,
tinieblas
y silencios.

Mi llanto no es gemido,
no es hipo ni moqueo

de velorio. Yo no lloro
por los vivos ni los muertos.
Mi llanto es un designio,
una ley... la ley salvadora del esfuerzo.
Y sé que hay orden en mis lágrimas
como lo hay en la nube,
en el humo del horno
y en la sombra del vientre materno.
Y que el llanto, roto el salmo y hecho grito y blasfemia,
es como el trueno,
el crepitar del pan
y el empujón oscuro de la vida para romper la cáscara del
   huevo.

Míos son el pecado y la caída.
Y esas lágrimas
y esa baba epiléptica
y esas gotas de angustia
y esas manchas de sangre sobre el suelo,
como monedas escapadas
de la bolsa rasgada de mi cuerpo,
están ahí para pagar mis deudas...
unas deudas antiguas y unos réditos.

Lágrimas,
lágrimas,
lágrimas...
el dinero del pacto,
el tesoro del arca,
el precio de la luz...
¡el rescate orgulloso de la *Esclava*!

LOS LAGARTOS

¿UN LAGARTO O UNA IGUANA?

Puedo explicar mi vida con mis versos. Puedo sacar mi biografía de mis poemas. Así lo estoy haciendo. Siento que mi carne está demasiado presente aún en la aventura poética. Con lo cual los estetas y los puristas podrán exaltarme como español y despreciarme como poeta.

No me importa. En mi casa duerme el hombre en la misma cama que el poeta y los dos comen con la misma cuchara. Y en este libro biográfico y poético, no sé dónde empieza el verso y dónde acaba la prosa. Soy un mestizo. Soy un gran lagarto. Soy el emperador de los lagartos. Y hasta que un día, un buen día, me meta por el ojo de Dios, por ese ojo sintético encerrado en el triángulo, tendré que caminar con dos piernas y volar con dos alas.

Esto es una biografía poemática o también una poesía biográfica. Nunca he intentado otra cosa.

Creo
que por ahora nunca compondré versos menos cargados
   de sombras y de huesos;
y me gustaría poder decir cómo y cuándo me salieron
los dientes y los sueños.

A veces mis metáforas tienen unas gruesas amarras prehistóricas y un torpe balbuceo de sonámbulo. Esto es sobrecarga, ya lo sé. Pero volaré por ahora como pueda.

Y aunque en el reino poético esté prohibida toda explicación, voy a explicarme. Me gusta explicarme. Me gusta explicar mis versos. Un gusto que no es, después de todo, nada nuevo, y con el que yo no vengo a romper ninguna ley. Los puristas dicen que en Poesía nada debe explicarse, pero San Juan que era más puro que todos los modernos poetas farisaïcos, hizo un libro de cuatrocientas páginas para explicar un poema de cuarenta liras.

Los lagartos representan en el poema siguiente los territorios *casi* ya incontrolables del subconsciente, pero por este *casi* el poema no es surrealista.

El lagarto no es propiamente el sueño
sino el crepúsculo del sueño,
el espacio entre la imagen y el espejo,
el columpio de la duda, un blando suelo donde comienza a
    hundirse la vigilia y a desleírse el espacio y el tiempo.
Hay todavía un ritmo, un vaivén de émbolo,
un tanteo
de sonda, de cometa y de anzuelo,
un bajar y subir de nuevo,
un quererse perder y estar consciente a la vez en el misterio,
un meterse y asomarse por el agujero,
un querer entrar y salir por el infierno,
un esfuerzo por no romper el cable entre el hombre que
    duerme y el despierto...

No es un poema surrealista. Porque en él han trabajado dos poetas: el loco y el cuerdo, el romántico y el clásico, el que engendra el poema y el que lo organiza y lo defiende. El poeta loco y romántico puede entrar por la puerta norte del infierno y salir por la puerta sur, pero... yendo *con el otro.* Dante se arriesga en la aventura a pesar del *"laisciate..."* porque va con Virgilio de la mano. Yo también me aventuro y entro por la puerta principal y salgo por el postigo del infierno porque entro y salgo con el Viento. No otra cosa quieren decir estos versos:

Se baja hasta el fondo de la mina
con un arco voltaico
enchufado en la frente
y un compás en la mano.

Vuelvo a repetir: "Todo lo que hay en el mundo es mío y valedero para entrar en un poema." Todo. Lo inconsciente también. Pero sometido a las leyes conscientes del poema.

"Iluminad y organizad las sombras."

El otro, el Viento, se ha esforzado aquí porque todo marche limpio y clarísimo y por darle una estructura clásica al poema. Hay en él, sin embargo, un artificio barroco, calderoniano mejor dicho. A pesar de mi repugnancia por las cornucopias y los toboganes de la segunda mitad del siglo XVII, Calderón ha sido siempre uno de los maestros a quien no he abandonado nunca. Su juego analítico y enumerativo que desemboca frecuentemente en un complemento sintético y final, como en algunos pasajes de *La vida es sueño*, lo he utilizado aquí. Es el juego de la rueda que se descompone radio a radio y luego se vuelve a integrar hasta formar el círculo de nuevo. Pero mejor diría que el artificio aquí tiene más de ruleta que de rueda porque hay en él ahora una pregunta que va y viene como una bolita, sin que el autor que mueve el artefacto sepa siquiera dónde va a caer. El autor dice solamente, como cualquier pícaro de feria: Hagan juego señores, apuesten, apuesten,

> Aquí está el poeta,
> aquí está el sabio,
> apuesten por el arzobispo
> o apuesten por los lagartos.

—¡Apuesto por los lagartos!
Cuando los grandes depositarios espirituales que llevan en sus manos el alimento sagrado de nuestra fe, lo venden o lo usan para mover la carroza de la política y del poder; cuando el poeta, el sacerdote y el sabio abandonan al hombre y lo dejan solo, el hombre pregunta a los lagartos y se queda colgado de los signos de interrogación, como de los ganchos de un hamaquero, meciéndose de norte a sur.

Debo decir, para la claridad del poema, que el lagarto aquí no es el caimán americano que se encuentra por estas regiones en los grandes ríos y en los terrenos pantanosos. Es el saurio europeo de hasta dos palmos de longitud que de ordinario vive entre las rocas; se le suele ver también trepando por los muros y saliendo de la sombra de los pozos y de las norias para tomar el sol. Su equivalente en América es la pequeña iguana verdinegra. En estas dimensiones —menos hecha y más en mestizaje que el lagarto de España— cuando la he visto por todas partes en las ruinas de Uxmal y Chichén Itzá, como un péndulo entre las rendijas de los siglos, he pensado que tal vez simbolice mejor lo que quiere decir el poema.

Y estando yo ahora aquí en este continente, donde he de dejar algún día mis huesos, creo que debo formular de este modo la pregunta del poema:

¿Y si yo fuese una iguana?

1

EL SUEÑO, LA LOCURA, EL BORRACHO

Porque si el pájaro
no se escondió en la biblioteca ni en el follaje barroco del
   retablo,
si huyó del pan, del vino... y del binomio, de las manos
de los arzobispos y los sabios,
si no está en la retorta ni en el vaso sagrado...
tendremos que buscarlo
en el ritmo pendular de la locura, del sueño, del borracho...

El sueño es un animal fronterizo como los lagartos...
El sueño es un lagarto.
Vive en la frontera de dos grandes peñascos,
no tiene raíces, va de un lado a otro lado,
de la luz a la sombra, de la sombra a la luz... de un peñasco
   a otro peñasco.
Se agarra del péndulo que oscila entre los mundos que
   separan la rendija entreabierta de mis párpados,
y se mete en el cubo del pozo que tan pronto está arriba
   como abajo.
En el crepúsculo del sueño nada está firme ni clavado...
y el lagarto
vive fuera del tiempo y del espacio.

190

Y el sueño no es enemigo del hombre, como el zorro...
Es enemigo de la tachuela y del cálculo,
de las duchas heladas y del puñal del amoníaco.
Existen la razón y la aritmética dominando...
y el sueño y la locura, aherrojados.
La locura también es un lagarto.
Porque el lagarto va y viene también del yelmo a la bacía y
    de la bacía al yelmo. Y el juez, el cura, Don Fernando,
el burlón, el prestidigitador y el catedrático
ya no sabe ninguno qué es lo que tiene en la cabeza *aquel
    hidalgo.*
¿Quién ha gritado baciyelmo, Sancho?

¿Y si estuviésemos ya locos? Todos locos... ¿O si siguiésemos
    soñando?
Si no hubiésemos dejado
de soñar, Segismundo, y el destierro ahora aquí y España
    allá, en el otro lado,
fuesen el juego viejo y nuevo de un dios, no de un rey
    bárbaro,
el sueño eterno y español, de "la caverna y el palacio".

> "Yo sueño que estoy aquí
> de estas prisiones cargado..."

Si no hubiésemos dejado
de soñar, Segismundo, y alguien después de ti hubiese
    definitivamente dado
el grito subversivo de: ¡Arriba! ¡Arriba los lagartos!
Si tú y yo, el místico, el biólogo, el psicólogo y el matemático
ya hubiésemos sacado nuestra espada para defender a los
    lagartos...

¿Y si estuviésemos borrachos?
Porque tal vez el hombre no sea un animal domesticado
que cuenta, que gobierna y que razona sino algo que sueña,
    que enloquece y que vacila; algo...

> "¿No pusiste allí un candil?
> ¿Cómo me parecen dos?"

191

¿Aquello es un peñasco o dos peñascos?
¿Y si la luz fuese la sombra, la gracia el pecado,
la oración la blasfemia, el cielo el infierno y el oro el guijarro?
¿Si el verso, poetas cortesanos,
si el verso como el hombre no fuese de cristal sino de barro?
¿Si hacia la derecha y hacia la izquierda fuesen sólo una
  vana y estéril disputa de las manos?
¿Si no hubiesen boca arriba y boca abajo
y no supiésemos tampoco quién es el que duerme al revés,
  la lechuza o el murciélago?
¿Si de tanto dar vueltas, de tanto columpiarnos,
de tanto ir y venir del caño al coro y del coro al caño,
nos trabucásemos diciendo ¡coño! pero si no sabemos dónde
  estamos?
Y ésta es la hora blasfematoria y negra en el reino
  crepuscular de los lagartos,
la hora en que se apagan las antorchas, las linternas, los
  faroles urbanos y los faros;
la hora en que se escapan las estrellas por el turbio pantano
  de los sapos;
la hora en que los letreros de las callejuelas y de las grandes
  avenidas se desploman, y se desploman los borrachos:
la hora en que nos llevan a la iglesia como a una casa de
  socorro...
la hora de la camilla, del hisopo y del puñal del amoníaco...
la hora en que nos vuelven a la vida, a la vida otra vez: a la
  razón y al llanto.

2

La muerte... ¿es un naufragio?

He visto nacer y morir. He asistido a un enterramiento y a
  un parto...
Y me ha parecido siempre que el que nace, el que llega, llega
  como forzado...
que alguien lo empuja por detrás, que lo echan a puntapiés
  y puñetazos
de algún sitio, y le arrojan aquí... que por eso aparece
  llorando.

El comadrón le coge en el aire como un futbolista la
    pelota...
En cambio
¿no es verdad que una tumba es una dulce puerta, una
    mampara que nos abre en la tierra con cuidado
una mano cumplida y cortesana, una mano
que nos indica reverente: Por aquí, por aquí, pase usted por
    aquí, en su despacho
está el señor Presidente esperándolo?
Y hay hombres que estuvieron con la puerta entreabierta
    para pasar, y no pasaron;
hombres en agonía que estuvieron casi del otro lado,
hombres en agonía larga, como Lázaro.
Lázaro... también es un lagarto.
Le volvieron al llanto cuando huía, tirándole del rabo...
Porque tal vez nos salvan desde allá... y a los ahogados,
a los definitivamente ahogados,
desde la otra ribera les arrojan un cabo.
¿Se salvan los que mueren?... ¿La vida es un naufragio?
Éste es el reino, amigos, de la interrogación y del lagarto.

3

EL EMPERADOR DE LOS LAGARTOS

El lagarto
se mete en el columpio del cangilón y pasa por la luz y el
    subterráneo
con un tiempo y un ritmo poemáticos...
¡Eh! ¡Alto!
El poema también es un lagarto,
y el poeta, el gran emperador de los lagartos.

Y yo digo ahora aquí, aquí, colgado
del péndulo que oscila entre los mundos que separan la
    rendija entreabierta de mis párpados
aquí y ahora —sacad el reloj— a las tres, con el pico
    rojinegro del gallo:

¡Oíd, amigos! La revolución ha fracasado.
Subid las campanas de nuevo al campanario,
devolvedle la sotana al cura y al capataz el látigo,
clavad esas bisagras, y quitadle el orín a los candados...
Que venga el cristalero y que componga los cristales rotos
   de los balcones de Palacio...
Arreglad las trampas y los cepos y comprad alambre para
   los vallados...
Sacad de vuestros cofres los anillos ducales, las libreas y los
   viejos contratos...
Coronad a los poetas otra vez con hojas de laurel
   purpurinado
y regaladle a Franco
un espadón simbólico, una medallita milagrosa y un
   escapulario...
¡Viva Cristo Rey! ¡La revolución ha fracasado!

Esto lo he dicho a las tres. Pero ahora digo a las cuatro:
No obstante, el que se haga una casa, que la haga teniendo
   en cuenta ciertos planos...
y el que escriba un poema, que no olvide que se han visto
   ya pájaros
que se le escapan de la jaula al matemático.
Por ejemplo: dos y dos no son cuatro.
(Y que no se solivianten el tenedor de libros y el rotario:
Todavía seguiremos sumando unos cuantos días como antes
   para que no se colapsen los bancos.)
Y digo además: Se han oído gritos desesperados,
aullidos y blasfemias en el subterráneo;
se espera que después del homo sapiens, de los retóricos, y
   de los teólogos, surja un cráneo
que rompa los barrotes y los muros: Dios está todavía
   encarcelado.
Vendrán poetas de pólvora y barreno, con la mecha en la
   mano,
y harán saltar la roca donde aún sigue Prometeo encadenado.
(Pero no os asustéis. Antes nos comeremos otra vez el rancio
   pastelón eclesiástico
para que no se arruinen los panaderos de pan ázimo.)

Y esto no lo digo ni con los conejos del corral ni con las
palomas del tejado:
lo digo desde el cubo del pozo que tan pronto está arriba
como abajo.

4

¿Y EL HOMBRE?

El hombre... ¿es un mestizo o un ario?
El hombre... (sigo hablando desde el cubo del pozo, desde
el púlpito de los lagartos),
yo lo he visto en las ruinas de Itálica, verdinegro, entre el
ibero y el romano,
y en las ruinas de Uxmal y Chichén, verdinegro, entre el
maya y el caballero castellano...
Yo lo he visto entre el maíz amarillo y el trigo blanco,
en la primera rendija de la aurora, entre las tres y las
cuatro,
entre la luna y el sol... en el pico ronco y agudo del gallo...
Yo le he visto entre el polvo y el agua, entre la sed y la
nube... en el barro...
El hombre es un mestizo y el mestizo... también es un
lagarto.

Ahora... anotad estas voces que suben del sótano:
¿Venimos a crecer o a purgar?
¿Nos abrieron la puerta o la forzamos?
¿Quién estaba allí cuando partimos?
¿Quién nos despidió en el otro lado?
¿El gorila
o el ángel desterrado?
Éste es el reino, amigos, de la interrogación y del lagarto.
Y aunque nadie conteste, yo vuelvo a preguntar:
¿Quién, quién sostiene y levanta la verdad redentora entre
las manos?
¿Quién es el sacerdote: el obispo o el sabio?
¿Dónde está Dios? ¿Está Dios en el cáliz o en el tubo de
ensayo?

¿Dónde está Dios? ¿Está en el vino puro y en las harinas
   pálidas del ario,
o está aquí, aquí en las fronteras pendulares
del mestizo,
del poeta,
del agónico,
del borracho,
del loco
y del sonámbulo?
¿Aquí, aquí en el cubo del pozo, que tan pronto está arriba
   como abajo:
aquí, aquí, en el poema, a caballo
en la rendija entreabierta de mis párpados?...
¿Aquí... en el reino crepuscular de los lagartos?

SOBRE MI PATRIA Y OTRAS CIRCUNSTANCIAS

1

Diré algo más de mi patria

En el mapa de mi sangre, España limita todavía:
Por el oriente, con la pasión,
al norte, con el orgullo,
al oeste, con el lago de los estoicos
y al sur, con unas ganas inmensas de dormir.
Geográficamente, sin embargo, ya no cae en la misma latitud.
  Ahora:
mi patria está donde se encuentre aquel pájaro luminoso que
  vivió hace ya tiempo en mi heredad.
Cuando yo nací ya no le oí cantar en mi huerto.
Y me fui en su busca, solo y callado por el mundo.
Donde vuelva a encontrarlo, encontraré mi patria porque allí
  estará Dios.
Un día creí que este pájaro había vuelto a España y me entré
  por mi huerto nativo otra vez.
Allí estaba en verdad, pero voló de nuevo
y me quedé solo otra vez y callado en el mundo,
mirando a todas partes y afilando mi oído.
Luego empecé a gritar... a cantar.
Y mi grito y mi verso no han sido más que una llamada otra
  vez,
otra vez un señuelo para dar con esta ave huidiza
que me ha de decir dónde he de plantar la primera piedra
  de mi patria perdida.

2

Diré cómo murió

Un día que está escrito en el calendario de las grandes ig-
  nominias, España, antes de morir, habló de esta manera:

Mercaderes:
Yo, España, ya no soy nadie aquí.
En este mundo vuestro, yo no soy nadie. Ya lo sé.
Entre vosotros, aquí en vuestro mercado, yo no soy nadie ya.
Un día robasteis el airón
y ahora me habéis escondido la espada.

Entre vosotros, aquí en vuestra asamblea, yo no soy nadie ya.

Yo no soy la virtud, es verdad.
Mis manos están rojas de sangre fratricida
y en mi historia hay pasajes tenebrosos.
Pero el mundo es un túnel sin estrella
y vosotros sois sólo vendedores de sombras.
El mundo era sencillo y transparente, y ahora no es más que
    sombras...
Sombras,
sombras,
un mercado de sombras
una Bolsa de sombras.

Aquí,
en esta gran feria de tinieblas yo no soy la mañana,
pero sé —y ésta es mi esencia y mi orgullo, mi eterno
    cascabel y mi penacho—,
sé que el firmamento está lleno de luz,
de luz,
de luz,
que es un mercado de luz,
que es una feria de luz,
que la luz se cotiza con sangre.
Y lanzo esta oferta a las estrellas:
Por una gota de luz...
toda la sangre de España:
la del niño,
la del hermano,
la del padre,
la de la virgen,
la del criminal y la del juez,

la del poeta,
la del pueblo y la del Presidente...
¿De qué os asustáis?
¿Por qué hacéis esas muecas, vendedores de sombras?
¿Quién grita,
quién protesta,
quién ha dicho: ¡Oh, no! Eso es un mal negocio?
Mercaderes,
sólo existe un negocio.
Aquí,
en este otro mercado,
en esta otra gran Bolsa
de signos y designios estelares
por torrentes históricos de sangre,
sólo existe un negocio,
sólo una transacción y una moneda.

A mí no me asusta la sangre que se vierte.
Hay una flor en el mundo que sólo puede crecer si se la riega
    con sangre.
La sangre del hombre está no sólo hecha para mover su
    corazón,
sino para llenar los ríos de la Tierra, las venas de la Tierra,
y mover el corazón del mundo.

Mercaderes,
oíd este pregón:
El destino del hombre está en subasta,
miradle aquí, colgado de los cielos aguardando una oferta.
¿Cuánto? ¿Cuánto, mercaderes? ¿Cuánto?...
(Silencio.)

Y aquí estoy yo otra vez.
Aquí, sola. Sola.
Sola y en cruz... España-Cristo,
con la lanza cainita clavada en el costado,
sola y desnuda,
jugándose mi túnica dos soldados extraños y vesánicos;
sola y desamparada.

Mirad cómo se lava las manos el pretor.
Y sola. Sí, sola,
sola sobre este yermo que ahora riega mi sangre;
sola sobre esta tierra española y planetaria;
sola sobre mi estepa y bajo mi agonía;
sola sobre mi calvero y mi calvario;
sola sobre mi historia de viento, de arena y de locura...
Y sola,
bajo los dioses y los astros,
levanto hasta los cielos esta oferta:
Estrellas,
vosotras sois la luz,
la Tierra una cueva tenebrosa
sin linterna... y yo tan sólo sangre,
sangre,
sangre...
España no tiene otra moneda:
¡Toda la sangre de España
por una gota de luz!

3

AHORA DEFINIRÉ LA HISPANIDAD

Hispanidad... tendrás tu reino,
pero tu reino no será de este mundo. Será un reino sin
    espadas ni banderas, será un reino sin cetro,
no se erguirá en la Tierra nunca, será un anhelo sin raíces
    ni piedras, un anhelo
que vivirá en la historia sin historia... ¡sólo como un
    ejemplo!
Cuando se muera España para siempre, quedará un ademán
    en la luz y en el aire... un gesto...
Hispanidad será aquel gesto vencido, apasionado y loco del
    hidalgo manchego.
Sobre él los hombres levantarán mañana el mito quijotesco
y hablará de hispanidad la historia cuando todos los
    españoles se hayan muerto.

200

Para crear la hispanidad hay que morirse porque sobra el
cuerpo.
Murió el héroe y morirá su pueblo,
murió el Cristo y morirá la tribu toda: que el Cristo redentor
será ahora un grupo entero
de hombres crucificados, que al *tercer día* ha de resucitar
de entre los muertos...
Hispanidad será este espíritu que saldrá de la sangre y de la
tumba de España... para escribir
un Evangelio nuevo.

4

PLACA Y EPITAFIO

Una autobiografía debe contener alguna fecha. Daré estas
cuatro para que sirvan a la vez de placa y epitafio:

* 1884, 11-4 † 1936

EPÍLOGO

NO HAY MÁS QUE UN POETA

Los poemas impresos siguen siendo borradores sin corregir ni terminar y abiertos a cualquier luminosa colaboración. Aun muerto el poeta que los inició, puede otro después venir a seguirlos, a modificarlos, a completarlos, a unificarlos y fundirlos en el Gran Poema Universal. Y tal vez sea el mismo y único poeta el que venga, porque acaso no haya más que un solo Poeta en el mundo: El-embudo-y-el-Viento.

Y toda mi poesía no es más que un solo y único poema. Creo que así debe ser y puede ser. Mi verso primero, escrito hace ya muchos años:

—No andes errante
y busca tu camino.
—Dejadme,
ya vendrá un viento fuerte que me lleve a mi sitio...

era ya la nota de una sola sinfonía y la piedra de una estructura única que comienzo ahora a ver con claridad.

En este libro hay versos míos antiguos y palabras recientes y dichas en otro lugar, moviéndose, transformándose, corriendo ahora como los ríos a la mar en busca de otra estructura, de otro sitio y de otra rima de más amplitud y más sentido. Todos mis poemas anteriores, mis oraciones y mis blasfemias, *Drop a Star*, *La insignia*, *El hacha*, *El español del éxodo y del llanto*, y todos los que vienen después... *Llamadme publicano*, *El ciervo*, etc... deben desembocar aquí naturalmente y organizarse solos en una forma sencilla, en una línea casi profesional, en una sucesión de aventuras a la que tan aficionado fue siempre uno de los lados, el más simple, el más cervantino, del espíritu español. (El otro, el más barroco, no es el mío.) Se escribe dentro de un plan que el poeta ignora al comenzar y que conoce sólo el Viento. Y ahora veo que yo no he escrito más que un solo poema, uno solo. En él todo lo anterior y todo lo venidero tienen su sitio.

Mi poesía entera no es más que una larga fila de ofrendas dolorosas y de lágrimas recogidas por todos los caminos y parada aquí ahora en la Puerta Oscura de la Prisión y en el ámbito mismo del infierno para el Rescate orgulloso de la Esclava.

Me incluyo y me reitero. A veces coloco un mismo verso y un poema completo en tres sitios distintos, pero en cada momento tiene una intención diferente. Por lo demás, soy pobre, vivo del ritornelo y me repito como la noria y como el mundo. La llama, la Luz es la que cambia. Iluminar es repetir. Me gusta poner el mismo verso bajo distintas luces, bajo la luz del mediodía y de la estrella. En la mañana no suena la canción como en la noche. Y el mismo salmo es diferente leído en el coro que cantado sobre el camino abierto del Éxodo.

JONÁS SE EQUIVOCA

Me gusta ir buscando mi almendra entre las cenizas y las ruinas de las grandes cosechas consumidas de la historia. Y creo que ésta es mi almendra. Que de aquí nací yo. Que éste es mi origen y mi nombre: Jonás. Quiero repetirlo y explicarme bien antes de marcharme.

De todos los caminos o símbolos que he señalado aquí y que de algún modo me llevan a las fuerzas complejas, misteriosas y esenciales de la Tierra, tal vez éste sea el que más coincide con mi carne, con mi vida y con mi talento. Ningún otro personaje de la historia o del sueño está tan dentro de mi sangre como éste.

¿Y quién es Jonás? Contaré su historia a mi manera:

Hay profetas fatales y falsos profetas. Pero Jonás es un profeta grotesco, sin vocación y sin prestigio. Es la voz que no acierta nunca. Él lo sabe. Por eso desconfía y se esconde. Le han engañado muchas veces y piensa que el Viento le busca para reírse de él. Tal vez sea un tímido o como ahora se dice, un *resentido destemplado*. No quiere ser pregonero de nadie: ni divino ni municipal, ni de Jehová ni del Alcalde. ¡Que pregonen otros! Se niega a ir a Nínive a decir su profecía y huye del Viento que le llama. Se escapa y se mete en la bodega de un barco que zarpa para Tarsis. Allí se echa a dormir. Lo que le gusta es dormir. Y más que dormir, morir. Su placer más grande sería pasar del sueño a la muerte. Después de su fracaso en Nínive, le dice tres veces al Viento: "Para mí mejor es ya morir que vivir." Cuando le despiertan en la nave y la suerte le señala como el verdadero causante de la tormenta, les ataja a los marineros con estas palabras en seguida: "Tomadme y echadme a la mar." Le salva la ballena. En la ballena duerme tres días. Duerme y sueña. Su oración es un sueño. Se despierta cuando el pez le vomita en la playa, pero se duerme en seguida otra vez. Sólo nos le imaginamos tumbado. Siempre que le habla el Viento, le dice: "Levántate." Cuando va a buscarle a su casa, le encuentra acostado en un camastro. Anda porque el viento le remolca, le empuja, le aguija. Y habla porque se lo mandan, porque se lo apuntan. Su verbo es más mezquino que el de todos los profetas menores. No tiene dialéctica ni patetismo ni retórica siquiera. Hasta Joel, tan escondido entre los profetas de humildísimo rango, sabe comenzar su profecía de este modo: "Oíd esto, viejos, y escuchad, todos los moradores de la tierra, despertad, borrachos y llorad, aullad todos los que bebéis vino porque el mosto se os es quitado de vuestra boca."

Cuando entra al fin Jonás en Nínive, aquella ciudad tan grande, de cuatro días de andadura para recorrer su cerco, dice sin ganas y sin maña, como cualquier desgarbado racionista: "De aquí a cuarenta días, Nínive será derrumbada." Y en seguida se sube a un cerro para ver cómo se desploman las torres. Pero nada se desploma. Pasan cuarenta días y Nínive queda intacta.

Entonces se irrita Jonás. Entonces se irrita Jonás y dice: El viento me ha engañado otra vez. Mas no es el Viento quien le engaña, sino los perversos habitantes de Nínive, los cuales no eran tan perversos porque se arrepienten, hacen penitencia, ganan la misericordia de Jehová y... ¡no se cumplen las profecías!

Hay perdón para todos. Para todos, menos para Jonás.

(Recordad bien ahora los últimos versículos del libro. Y no me apedréis, vosotros los exegetas ortodoxos, por esta interpretación poética que, por lo menos, vale tanto como la vuestra.)

Al final Jonás se enfrenta, vanidoso, con el Viento y le pide cuentas a la misericordia. Entonces el Viento le regala, irónicamente, una calabaza mordida por un gusano implacable, para derrumbar la vanidad del Profeta, que tal vez sea lo único que haya que derrumbar en el mundo.

Yo no soy nadie. Me acojo a mi estribillo predilecto otra vez:

> Yo no soy nadie.
> Un hombre con un grito de estopa en la garganta
> y una gota de asfalto en la retina;
> un ciego que no sabe cantar,
> un vagabundo sin oficio y sin gremio,
> una mezcla extraña de Viento y de sonámbulo,
> un profeta irrisible que no acierta jamás.
> Reíos de mí.
> Reíos todos de mí con el Viento.
> Reíos, españoles,... reíos.

Me gusta haber dado con mi almendra, me gusta saber que no soy más que una réplica, una torpe réplica, el doble de un poeta grotesco, del gran clown de la Biblia, del profeta que no acierta jamás.

> Reíos todos... todos,
> que yo también me regocijo y río.

Qué alegría ver ahora que toda mi poesía no es más que el callejón torcido de los sueños, un sitio equivocado de sombras y delirio, vaho subconsciente como queríais vosotros... ¡una pesadilla!

¡Qué alegría saber que ahora, ahora mismo, cualquiera, tú por ejemplo, puede llegarse a mí, sacudirme por los hombros y gritarme: ¡Eh, sonámbulo, despierta, sal de la cueva, mira la luz!

¡Qué alegría! ¡Qué alegría saber que ahora mis elegías, todas mis elegías, *La insignia, El payaso de las bofetadas, El hacha, Está muerta, ¡miradla!*... no son más que un mundo de trampa y de cortina y que cualquiera, tú por ejemplo, pueda decir al acabar de leerlas, como el Prólogo de una fingida tragedia shakesperiana: ¡Eh, señores, riámonos de nuevo, que todo ha sido chanzas de juglar!

¡Qué alegría que mi verso no sea sino sueño o burla... broma, broma del Viento, broma inofensiva, pura broma, veneno en broma... *poison in jest!*

¡Qué alegría veros reír ahora a todos los españoles del mundo porque me burlasteis, porque me burlasteis como los antiguos ciudadanos de Nínive burlaron a Jonás!

¡Qué alegría saber que todos habéis hecho penitencia, que os habéis vestido de esparto, que os habéis sentado a llorar vuestros pecados sobre un montículo de cenizas y que habéis ganado todos la misericordia de Dios!

¡Qué alegría veros volver a España otra vez a todos los españoles del Éxodo y del Llanto: a la misma España de siempre, al mismo espejo, al mismo lago de ayer, limpio y terso ya después del torbellino, y con la vieja guitarra compuesta para entonar otra vez la inolvidable, castiza y sanguinaria canción de los iberos monolíticos!

¡Qué alegría ver que a mí también el Viento me regala una calabaza mordida por un gusano implacable, como símbolo de mi vanidad!

¡Y qué alegría saber que esta vanidad era lo único que había que derrumbar en el mundo!

RESUMEN

Amigos: He querido escribir una autobiografía poemática, una antología biográfica. La vida poética del hombre. No es mi vida, pero sí se apoya en mi experiencia. Es la vida de un poeta cualquiera que nació en España, pero que pudo haber nacido en otra parte del globo, con menos sol, con menos vino y con más ganas de pasear entre los gansos del estanque.

Lo español es lo específico, pero no lo permanente. Hoy cuenta todavía y es necesario consignarlo. Mañana el género habrá devorado a la especie. A este género le he andado buscando un nombre, pero no lo he encontrado. Sé que es una fuerza sorda y una vaga conciencia llevadas por el Viento... Todo ello no sé aún cómo se llama. Y este libro no es más que el afán angustioso por encontrarle un nombre.

Al empezar he levantado entre mis manos, para estrangular mi orgullo, el cráneo primero del hombre y le he preguntado quién soy yo. La historia desnuda me ha respondido

sin números
sin nombres
y sin paños.

En seguida he pronunciado el nombre de Jonás. Y he dicho: ¿Seré yo el Jonás español? ¿Seré yo el recién nacido? ¿El que acaba de dejar las entrañas?

Luego he dicho más firme:

Yo soy el ladrón sacrílego del templo que se ha llevado el salmo. Pero no soy el salmista ni el poeta tampoco.

Tal vez sea Job. Y si no soy Job, mi cuerpo está lleno de lepra y mi voz de imprecaciones y gemidos.

Luego he dicho también:

Yo soy Walt Whitman. Y en mi sangre hay un sabor americano, romántico, desorbitado y místico.

(Lo cual no es nada monstruoso, porque ¿no le acaba de decir en Madrid, al sapo iscariote y ladrón, el propio embajador de los Estados Unidos, que Norte América es el Quijote del Continente americano?

—¡Hola camaradas!

Y ahora yo escribo aquí, como un soldado de América que da cuanto tiene para ganar la guerra, primero este versículo de Whitman:

Americano, ven que te limpie los ojos... Y acostúmbrate ya al resplandor de la luz.

Y después estas palabras quijotescas:

La justicia se defiende con una lanza rota y con una visera de papel.)

Me he buscado en la Biblia y por todos los rincones he encontrado mis huellas.

He seguido esas huellas y he visto que mi éxodo, como el salmo, se había salido del Libro.

Luego he comenzado a caminar. A andar, a andar, a andar hasta llegar al acantilado. El Viento me ha arrancado dolorosamente de mi patria como de la matriz y con las viejas raíces húmedas aún y lleno de arcilla española, he cruzado el mar.

Y aquí estoy. Ahora soy un vagabundo sin patria, sin decálogo y sin tribu.

No tengo una canción que podáis aplaudirme porque mi retórica está hecha de gritos, de blasfemias y de llanto. Además, como el aire está lleno de gases venenosos, nadie puede hoy cantar.

He dicho también:

No soy el filósofo porque apenas alcanzo a discurrir.

Ni el sabio. Ni el gran buzo tampoco.

Ni el historiador porque no tengo memoria. Me reconozco a veces, sin embargo, por algunos indicios, en Edipo, en Fausto, en Prometeo, en Cristo... mas no soy irreverente ni orgulloso porque he visto mi imagen también en el gusano, en el lagarto y en la iguana.

Tengo un juicio ortodoxo con el que puedo caminar todavía por las calles. Pero me he encontrado muchas veces en el cerebro del loco y del imbécil y entre Don Quijote y el Niño de Vallecas se ha movido mi péndulo.

Esto no es literatura. Tengo documentos. Y mis poemas y mi prosa son anotaciones de experiencias inmediatas.

He escrito en las sombras. Con una simple musiquilla de retreta alguna vez, pero abriendo bien las puertas y ventanas

para que entre el milagro
a caballo en el sol.

He dicho también que soy un conejillo de Indias. Después de todo el poeta, y el aprendiz de poeta, no es más que un campo de experimentación. Mi canción balbuciente se nutre de mi sangre. Y *de mi carne podrida.* Soy un zopilote que se devora a sí mismo. Soy también el fénix y me alzaré triunfante un día, no de mis cenizas sino de mi propio estiércol.

He dicho algunas cosas en tono profético también. Alguien me ha llevado a decirlas. No sé si he acertado alguna vez. Mañana se verá.

Sé desde luego que hay caminos en el universo para los cuales los pies y la pupila del hombre aún no están maduros. Y que soy un profeta sin madurar.

Por eso he dicho que tal vez me llame Jonás. Y que acaso este libro es la aventura de Jonás: *la noche oscura,* su estancia en la ballena, la vida del hombre en el infierno.

A pesar de todo, de mi experiencia y de mis múltiples caminos, aún tengo que crecer. El hombre en su proceso místico, todavía no ha pasado de la etapa purgativa.

Ya vino el Cristo colectivo. Ahora marchamos todos hacia una mística colectiva. ¿O es que para la masa, para la humanidad, para el hombre no hay más que Economía?

Vosotros los políticos materialistas queréis que coman todos; pues el poeta quiere que vean todos.

> En el mundo hay hambrientos, ya lo sé,
> y ciegos hay también, yo los he visto.

Y hay que darle al hombre el pan y la luz, las dos cosas juntas.

—¡Programas! ¡Programas!

—¡Ah! ¿Queréis un programa? Pero esto es un programa. Este libro es un programa. ¡No habéis entendido! ¿Veis cómo es necesario explicarse y decir en prosa lo que se insinúa en la canción?

Escuchad y terminemos ya: Más allá del mar, más allá de las lágrimas, más allá de mis ojos reventados y de mi canción hecha ceniza... más allá del cerebro roto y de las profecías vanidosas de la lengua... más allá de mi memoria y de mis sueños... al otro lado del infierno... en la puerta trasera del infierno, los que salgan encontrarán una tablilla con un nombre escrito, con un nombre escrito que no habrán oído jamás y con un itinerario desconocido hasta ahora para empezar a caminar. Hay que ir a buscar esa tablilla. Ya sabéis dónde está y cuál es el camino.

Porque todo está aún sin madurar, la masa sin cocer, el mosto sin hervir y el hombre todavía sin saber cómo se llama.

Y hay que volver otra vez a las entrañas profundas de la sombra a rescatar la luz, que se encuentra cautiva y encadenada en el infierno.

LLAMADME PUBLICANO
(1950)

LA VENTANA

DIÁLOGO

> Aquello que ha sido es lo que será. Y lo que
> se ha hecho... lo que se volverá a hacer.
>
> ECLESIASTÉS I:9

—YA ESTÁS aquí.
—Me trajisteis cuando estaba dormido...
Yo no os pedí nada...
Yo no dije a nadie que me trajese.
—Pero ya estás aquí.
—¿Y qué tengo que hacer?
—Puedes asomarte a la ventana.
Puedes mirar el mar, allá lejos...
el río... y el puente...
y el camino que sube a la montaña.
Sobre la montaña verás el sol y las estrellas
y, si tienes buena vista, tal vez columbres a Dios,
    satisfecho, sentado en el columpio del triángulo
    metafísico...
fumando su gran pipa para que haya siempre nubes al
    fondo del paisaje.
Allá cerca, en el valle, sopla el viento,
el abanico del viento, moviendo los árboles
y llevándose y trayendo, sin cesar, las hojas y las aves.
Más cerca aún verás
el lobo... y el cordero,
el gavilán... y la paloma,
el ciervo herido... y el hombre con su lanza o su escopeta.
—¿El hombre?... ¿yo?... ¿Ése soy yo?
—Sí, tú... ése eres tú.
—¿Y aquello?... ¿Qué es aquello?
—Aquello... es el amor.
—¿El amor?

—Sí. El guardián encargado de que siempre haya uno aquí, asomado a la ventana... mirando este paisaje pintado por Dios.

—¿Por Dios?... ¿Y quién es Dios?

—Ya te he dicho que Dios está allá arriba...
lejos... al otro lado del camino...
más allá de la montaña,
meciéndose en las nubes
y mirándote asomado a la ventana...
mirándote siempre...

—¿Y para qué me mira?

—Para que no te caigas.

—¿Y si me caigo?

—Mandará otro el amor para que siga mirando.

—¿Y si se cae también?

—Mandará otro.

—¿Y luego?

—Otro. Siempre tiene que haber aquí uno que mire al través de la ventana este hermoso paisaje pintado por Dios.

—¿Y cómo estoy yo allí en el cuadro y aquí también asomado a la ventana?

—La ventana es un sueño.

—¿Un sueño?

—Sí. El mirador del sueño...
Y el que mira por ella es el poeta.

—¿El poeta?... ¿Soy yo el poeta?

—¿Tú verás?

—¿Yo veré?

—Sí. A ti te toca ahora mirar.

—¿Mirar?... ¿Mirar nada más?

—Luego puedes, si quieres, cantar un himno dando gracias a Dios...
al Señor que te ha elegido para venir aquí y mirar sin cesar por la ventana...

—Sí. Ya sé... Este hermoso *paisaje invariable* donde hay siempre
un ciervo herido
y un hombre con su lanza o su escopeta.
¿No es así?

214

—Así es, en efecto.
—¿Y eso es todo?
—Sí, todo... todo lo que ha dicho el Arcipreste.
—¿Quién es el Arcipreste?
—El Gran Predicador... el hijo de David.
—¡Ah! ¿El moscardón negro de la Biblia?
—Fue rey de Israel, allá en Jerusalem.
—Pues que toquen el órgano, con los registros más sordos,
    porque voy a cantar:
Gracias, Señor.
Gracias porque me dejas ver este paisaje
donde va y viene el viento,
baja hacia el sur,
luego gira hacia el norte, llevándose y trayendo sin cesar las
    hojas y las aves.
Girando y girando va el viento
y torna *continuamente* a sus circuitos...
Los ríos van al mar,
luego vuelven a salir...
y el mar nunca se llena.
El sol se levanta
y el sol se pone.
Una generación va
y otra generación viene...
Y ahí... el ciervo siempre,
el ciervo herido siempre...
y el hombre con su lanza o su escopeta...
¡Gracias, Señor!

México, 1949

COMO UN PULGÓN

Yo no puedo tener un verso dulce
que anestesie el llanto de los niños
y mueva suavemente las hamacas como una brisa esclava.
Porque yo no he venido aquí a hacer dormir a nadie.
Además... esa tempestad ¿quién la detiene?

¡Eh, tú, varón confiado que dormitas! ¡Levántate, recoge tus
    zapatos y prosigue...
Porque yo no he venido aquí a hacer dormir a nadie.

Hacia las cumbres trepan los dioses extenuados buscando
    un resplandor.
Y aquí voy yo con ellos,
entre el sudor y el polvo de sus inmensos pies descalzos,
aquí voy yo con ellos, atropellado y sacudido, pero
    agarrándome a sus plantas como las pinzas de un insecto,
clavándome en su carne,
hundiéndome en su sangre
como un pulgón,
como una nigua... maldiciendo, blasfemando...
Porque yo no he venido aquí a hacer dormir a nadie:
ni a los niños
ni a los hombres
ni a los dioses.

CALLADAMENTE... EN SILENCIO

El hombre
puede ejecutar algunos actos en silencio.
Puede ir y volver:
ir del sueño al camino...
del camino al cansancio...
y del cansancio... otra vez al sueño.
Puede subir y bajar.
Puede subir y bajar por la húmeda escalera del subsuelo,
por la escalera alfombrada de mármol,
sitiada de retratos y de espejos...
y por la escalera de escape
colgada del balcón y del viento,
que guarda todavía las huellas
del gángster y el espectro.
Puede abrir y cerrar, calladamente la puerta,
la cortina,
los párpados,
la caja fuerte blindada de acero
(y podrá abrir y cerrar el cortinón de la Tragedia,
en silencio
cuando todos los cómicos del mundo
sin puñal de cartón ni fingido veneno
estén real, perfecta y definitivamente muertos).
El hombre puede abrir y cerrar
algunas otras cosas en silencio:
Un libro,
el Libro Mayor, por ejemplo,
el Libro Mayor que está sobre el gran atril
de la Cámara General de Comercio...
y el "Libro", mayor todavía,
de los Salmos y del Evangelio
que duerme en el gran fascistol empotrado en las losas

como una pilastra de Término,
como un tronco milenario, junto al cirio pascual
y entre las columnas arbóreas del Templo...
Y puede abrir y cerrar también
el ingrávido libro de los sueños.

El hombre puede abrir y cerrar,
en silencio,
zanjas para el agua,
hoyos para el olivo
y surcos para el maíz, el trigo y el centeno...
Y también puede abrir y cerrar, bajo la noche,
las blandas coberturas del lecho
y volverlas a abrir y cerrar, ante la aurora,
después que el amor puso la almendra del milagro
bajo las alas incubadoras del misterio.
El hombre
puede ejecutar algunos actos
criminales o sagrados... *en silencio*,
y otros rutinarios,
vulgares y domésticos...
Puede ponerse y quitarse la camisa
y abrocharse y desabrocharse los dóciles botones del
    chaleco...
Pero no puede envolver calladamente
el cuerpo cansado y yerto
de su hermano, en un sudario, encerrarlo después en un
    cajón
y esconderlo bajo la tierra... *en silencio*.
La Muerte, la pregona siempre el hombre
con ruidos histéricos,
como cuando llega la farándula o el circo
inopinadamente al pueblo.
Y hemos aprendido a bailar en su presencia un rigodón
con las genuflexiones y zalemas gelatinosas del miedo.

¡Ahí está!... ¡Miradla!... Viene... ya llega...
Ahora entra orgullosa en su reino,
con su imaginaria mesnada

de sombras y de espectros...
con la cuchilla en alto, limpia y brillante
como un espejo,
con su gallardete rígido
y afilado en el viento.
Mañana traerá escrito mi nombre en ese gallardete,
en la guadaña, en el triángulo angosto de su hoja de acero,
y con la leyenda de aquel puñal
grabada por el asesino o el armero:
"Para ti."

      Como siempre, habrá entonces
un trotillo epiléptico
de caballos,
de cabras
y de cerdos...
Se cerrarán las puertas, gruñirán los cerrojos,
aullarán lúgubremente los perros,
doblarán las campanas
y cantará golpeando en el tambor del ataúd, con el martillo,
su cóncava canción el carpintero...
limpiará sonriente el párroco el hisopo,
y se emborrachará el sepulturero...
Se alzará un coro, entre piadoso y mercenario,
de hipos, de sollozos y lamentos.
Cuando ya esté allá abajo,
después de los responsos y de los aspergios,
un energúmeno político vomitará sobre la fosa
su discurso funeral y mostrenco
despertando
irreverentemente hasta a los muertos
que desde tiempo inmemorial descansan
en el amplio colchón del cementerio.
Pero no os asustéis... porque en seguida
un poeta los volverá a dormir leyendo
la ditirámbica elegía
que todos conocemos.
Luego vendrá la lluvia de piedras,
tierra y flores sobre el féretro.

Las cabezas arriba asomadas...
¡Oh, si yo, el muerto,
abriese entonces
un pequeño agujero
como en el telón de los teatros,
en la tapadera del féretro!...
Vería como un rosquillón de cabezas asomadas a un pozo,
mirando por otro agujero
más ancho. Yo diría:
¡Cuánta gente hay esta noche en el estreno!
En medio del rosquillón,
agitándose en el pequeño círculo del cielo,
el hisopo
como un húmedo y vacío sonajero...
y vería también
la cabeza de nodriza y de moscarda del sochantre
soplando con su boca oscura en el viento
la "nana negra",
el "lullaby" siniestro,
la canción de tumba,
el último arrullo funéreo
(Duérmete, niño, duérmete,
duérmete luego)...
bajo el clásico graznido
de los cuervos.

¡Oh, si pudiese irme antes,
antes de todo esto,
como el relámpago
o como el viento
o como un botón,
como ese botón del chaleco
que se descose y salta
un día lluvioso de invierno
y se lo lleva el agua sucia del arroyo
calladamente al sumidero.

EL CIERVO
(1958)

OTRO BAILE

En el estreno de *El juglarón*, que ocurrió tres
días después del entierro de Berta, mi amiga
y compañera siempre en todos los destierros.

VAMOS muy serios y tristes llorando en la funeraria procesión
y de repente saltamos de la fila y nos ponemos a bailar
delante del arcón de los muertos.
Es una vieja manera de golpear la tierra,
no es falta de respeto.
Es una vieja manera de golpear la sombra, Señor Arcipreste;
zapateo epiléptico en la roca dura del mundo.
Aún no sabemos cómo sacar lumbre del negro pedernal.
Pensamos que todo puede salir,
que todo sale por casualidad.
Y un día decimos:
Hoy voy a llorar...
Tal vez esto me quite la sed.
Y otro día decimos:
Hoy voy a bailar...
Tal vez esto me quite el quebranto.
Y va uno y viene, Señor Arcipreste...
y después viene y va
de la sal a la sed
y de la sed a la sal
y de la sal otra vez al quebranto.
Todo es labor de circunstancias. Este poema también,
y todo lo que hacemos por encargo.
Alguien nos dice:
Ahora la sed,
ahora la sal.
Alguien nos ordena:
Ahora a bailar,
ahora a llorar...
Y ya lo ve usted, Señor Arcipreste. ¡Alegría!
Esta noche me ha tocado bailar.

LA RATA

Sopla el Viento en las narices de la arcilla
y la arcilla se enciende...
Luego sopla la Muerte en las narices de la arcilla
y la arcilla se apaga.
Todos los días ocurren estas cosas
y no hay más remedio que hablar
del ocurrir vulgar y rutinario.
Uno quisiera ser original
y descubrir otros sucesos.
Pero nada sucede.
Nunca sucede nada nuevo en el Mundo, Señor Arcipreste.
"Nil novi sub sole", usted lo ha dicho.
Y el hombre no puede hacer otra cosa
que consignar este ocurrir vulgar y rutinario
y decir una vez más:
Sopla el Viento en las narices de la arcilla
y la arcilla se enciende,
luego sopla la Muerte en las narices de la arcilla
y la arcilla se apaga.
Si supiera uno siquiera quién es el Viento,
qué es la Muerte...
y de dónde ha salido esta arcilla...
Pero no sabemos nada, Señor Arcipreste.
¡Nadie sabe nada!
Y para matar el Tiempo... puesto que no hay nada que
    hacer nos pondremos a pensar hasta dónde puede rodar
    una lágrima y si esta lágrima podrá quitarle la sed a esta
    rata atrapada en el cepo.
Y tampoco, Señor Arcipreste,
puede uno sentirse original al decir
que uno es más desgraciado que la rata atrapada en el cepo;
porque desde el comienzo del mundo, el Hombre
es sencillamente eso, Señor Arcipreste,
una rata atrapada en el cepo.

PEDIGREE

—No me gusta el hombre... ni la mujer tampoco...
Ni esta grotesca y sanguinaria casa donde vivo.
—Satánico orgullo y ambición.
—¡Oh, no! Podrían encerrarme
en el ámbito huero y diminuto de un cascarón de nuez,
y me creería rey del espacio infinito,
si no fuera por estos oscuros sueños monstruosos.

De un Hamlet parafrástico, herético y condenado

¿Y por qué no hemos de ser la obra de un dios monstruoso
  e inmisericorde, Señor Arcipreste,
si nosotros estamos hechos de una substancia monstruosa e
  inmisericorde también?
¿Por qué ha de ser piadoso nuestro dios?
¿Quién tiene piedad entre los hombres?
Además... ¿no es la vida una cadena de mandíbulas abiertas
  y devoradoras?
Y si la lombriz se traga la simiente,
la gallina a la lombriz
y el hombre a la gallina...
¿por qué Dios no se ha de tragar también al Hombre?
¡Gran manjar es el Hombre!
¿No ha pensado usted nunca, Señor Arcipreste,
que bien podemos ser el alimento de un dios glotón y
  monstruoso...
y que estamos aquí como en un túnel descomunal y oscuro,
como en un gran esófago,
descendiendo...
descendiendo...
descendiendo lentamente,
pasando por los sórdidos, torcidos y laberínticos intestinos
  de la Historia?...
Alguien nos ha tragado.
Alguien nos ha tragado, borracho, en un festín.

Y nos seguirá tragando eternamente ("Aquello que ha
   sido...")
Y a veces uno sueña...
a veces uno sueña, Señor Arcipreste,
que nos defeca un dios glotón y monstruoso.
Siempre le andamos buscando orígenes y definiciones
a este orgulloso capitán de la Historia:
el sueño de un dios,
la cópula amorosa de un dios,
el soplo de un dios...
Pero he aquí el último hallazgo existencialista y filosófico:
el excremento de un dios.
¿Quién protesta?... ¿Quién grita y se tapa las narices?
¡Basta!... Pero vosotros ¿qué queréis?
¿Qué es lo que usted desea, Señor Arcipreste?
¿Que sigamos aquí eternamente cantando *Te Deums* detrás
   de las batallas?
"Gracias, Señor, gracias
porque me ayudaste a destrozar a mi enemigo.
Tú eres el Dios que venga mis agravios
y sujeta debajo de mí pueblos..."
¡Degollad ese salmo!
¡Somos el excremento de un dios!
Sin embargo, no os aflijáis, amigos,
que de cualquier manera, divino es nuestro origen
y podemos seguir aquí eternamente caminando,
descendiendo,
descendiendo
por los sórdidos intestinos de la Historia,
una vez más,
mil veces más,
cien mil veces más... ("Aquello que ha sido...")
Pero orgullosos siempre, Señor Arcipreste...
orgullosos siempre de nuestro divino *pedigree*.

¡OH, ESTE VIEJO Y ROTO VIOLIN!
(1965)

LA GRAN AVENTURA

A todos los españoles del mundo.

Bacía, yelmo, halo... Éste es el orden, Sancho.

HAN transcurrido cuatro siglos...
Y viene muy cansado Rocinante.
Años y años de oscuras y sangrientas aventuras...
Y andar y andar por los ásperos y torcidos caminos de la
    Historia.

Y vienen los dos,
caballero y escudero,
callada
lentamente
en sus cabalgaduras humildes y gloriosas...
por la abierta y encendida meseta de Castilla.
¡Bajo su luz alucinante!
¡Oh, esa luz!
¡No es una luz propicia para la gran metáfora poética,
los grandes milagros y el asombro!

Sancho ha crecido en estos siglos...
¡ha caminado tanto por el mundo
ceñido a su señor!
Ahora no es simple ni grosero,
es audaz y valeroso...
Le encuentro más delgado,
casi enjuto.
Ahora se parece más a su señor.
Aquel vientre rotundo,
que rimaba con las famosas tinajas
de su pueblo,
ha desaparecido.
(Ya me doy cuenta, Sancho...
Las guerras, las derrotas... el hambre...

¡Oh la vida, gran maestra de ascetas!)
Yo no me atrevería, ahora, a llamarle Sancho Panza.
¡Que nadie le llame Sancho Panza!
Es Sancho a secas.
¡Sancho nada más!
Sancho quiere decir: hijo del Sol,
súbdito y tributario de la luz.
Además ya tiene fantasía.
Ya habla como Don Quijote...
Y ha aprendido a verlo todo como él...
Ahora puede usar, él mismo, el mecanismo metafórico
de los poetas enloquecidos...
Ahora puede levantar las cosas
de lo doméstico a lo épico...
de la sordidez a la luminosidad.
Ahora puede decir como su señor:
—Aquello que vemos allá lejos, en la noche sin luna
  tenebrosa,
no es la mezquina luz de una humilde cabaña de pastores...
¡Aquello es la estrella de la mañana!

Ahí vienen ya los cuatro...
carretera adelante...
Voy a saludarlos.
Salud, nobilísimos amigos...
¡Bienvenido, caballero!
¡Estrella inextinguible de la Mancha,
Lucero fervoroso de la Patria!
Ilustres compatriotas...
Bienvenidos al viejo solar desmantelado...
¡Dios te guarde, Sancho!
Y también a ti te saludo, Rocinante...

Oh, viejo caballo sin estirpe
No tienes *pedigree*...
Pero tu gloria es superior a la de todos los "pura sangre"
  del mundo.

Tu estirpe, como quería tu señor,
arranca de ti mismo.

Sin embargo,
yo conozco tu historia
—la sé de corrido—
y voy a contársela a los hombres
y a mostrarle al mundo entero
tu divina cédula bautismal.
Rocinante: ¡digámoslo todo como en las grandes biografías!
Te he visto amarrado a los oficios más villanos;
te he visto como un penco menestral;
te he visto uncido en una noria;
te he visto en las madrugadas, arrastrando una carreta de
    legumbres;
y a veces, el mismo carro municipal de los desperdicios.
Y una tarde que te llevaron a nuestra "Fiesta Brava"
te vi en el ruedo amarillo
como un esclavo o un cristiano
del César en el circo...
Ibas disfrazado con los arreos del martirio:
unas gualdrapas andrajosas
y un pañuelo escarlata cegándote los ojos...
—¡para que no vieras la muerte!—
Allí estabas bajo un sol enemigo,
entre cuernos y garrochas;
entre blasfemias, burlas y alaridos...
Eras tú... Te conocí.
¡Perdóname!
¡Perdónanos!
Yo te he querido siempre, Rocinante.
En esa nuestra "Fiesta Brava"
siempre he vertido una lágrima por ti...
Ahora mismo no puedo reprimir el llanto.
Y para desagraviarte,
para que nos perdones,
para que me perdones,
quiero decirle al mundo
tu origen,
tu estirpe...
tu *pedigree*...

Porque yo tengo
tu olímpica cédula bautismal...
Y sé que un día vendrá Apolo
en su cuadriga luminosa,
una mañana de sol amigo y generoso,
para llevarte al reino perpetuo
de los gloriosos corceles de los héroes...
porque tú eres hermano legítimo
de los caballos de la Aurora.

Y a ti también te saludo,
Rucio amigo,
Rucio estoico,
Rucio sufrido,
Rucio paciente
—y le digo muy bajo,
acercándome a una de sus grandes orejas—:
Paciencia... paciencia... un poco más de paciencia
que San Francisco, el de Asís,
te ha reservado un sitial,
donde ya, como un símbolo,
descanses eternamente
en el Zodiaco poético de España...
¡Salud a todos!... ¡Salud y Fortuna!...
¡Fortuna! ¡Que bien la necesita el español!
No me han oído.
Se lo diré otra vez... Más fuerte...
y haciendo bocina con la mano.
¡Fortuna! ¡Que bien la necesita el español!

Lleva Don Quijote la barba vencida sobre el pecho
y los ojos cerrados...
¿Duerme el caballero?
¡No duerme el caballero!
Don Quijote se mueve inquieto sobre la silla
y Sancho le oye decir con una voz extraña de sonámbulo:
"Hemos caminado mucho —siglos y siglos— por todos
los pueblos de la tierra,
por todos los triunfos y derrotas de la Historia

y aún no hemos topado, Sancho,
con la 'Gran Aventura'."
"¿Y cuál es la gran aventura?" —dice el escudero.
Don Quijote no responde.
Dobla otra vez la cabeza sobre el pecho...
y cierra los ojos.
¿Sueña el caballero?
¡Sí, sueña el caballero!

¡Sueña!... ¡Sueña!
¡Tal vez sueña con la Gran Aventura!
(Yo sé cuál es esa Gran Aventura.)
Y por si ocurre hoy, ahora mismo,
quiero preparar el escenario.
Necesito un paisaje.
¡Que venga el gran escenógrafo!
Y el utilero principal.
Empecemos:

Aquí Castilla.
Ésta es Castilla.
Estamos en lo más elevado de Castilla.
Ésta es la meseta.
¡La egregia meseta!
Han pasado las siegas.
—En el campo no hay nadie.
Llanura... llanura... todo llanura...
Y en la llanura... ni un árbol.
Allá en la lejanía hay unos álamos que huyen...
¡Que se vayan los álamos!
No quiero árboles...
Ni árboles ni pájaros...
Que se vayan los pájaros también.
—¿Y el águila? —interrumpe el escenógrafo—.
El águila está siempre en el exordio de los poemas épicos
    gloriosos.

—En el nuestro —digo yo— sólo aparece la corneja.
En todas las derrotas de España.

Y nunca hemos tenido más que derrotas...
La corneja está siempre volando en el lado siniestro...
Pero esta vez, en que España va a triunfar por vez primera,
en que España va a ganar la batalla decisiva,
no quiero corneja.
Ni águila ni corneja.
—Pero el águila —dice el utilero—,
el águila es un ave castellana.
—El águila es un pájaro decorativo y servil —digo yo—.
En sus alas hay más heráldica que vuelo.
Es barroca.
Su cabeza grotesca, su corvo pico y sus alas abiertas
no riman con el austero y místico paisaje que vamos a
     ordenar.
No vuela bastante, además.
Nosotros vamos a subir mucho más alto.
Donde vamos a subir, ella no puede respirar.
Es un pájaro guerrero...
amigo de soldados.
Le gusta cabalgar en los brillantes cascos imperiales.
La he visto siempre en el escudo de los reyes,
sentada, repantigada como una orgullosa gallinácea
empollando los huevos de la guerra.
Va siempre agarrada a los yelmos...
también está en el Yelmo de Mambrino...
Su vuelo no me sirve.
Ya sé que además del soldado la ha mimado el poeta...
pero hay poetas que se conforman sólo con el vuelo
del águila.
Tiene mucha retórica este pájaro...
Los mexicanos la veneran también...
Es su animal "consentido".
Rima con su prehistoria
y con sus pirámides...
Pero ya, cuando llega Cristo a los Andes...
el vuelo del águila azteca en el cielo de México
pierde parábola y elevación.
¡Que se vaya el águila!
¡No me sirve el águila!

—Y el sol —dice el escenógrafo—,
¿dónde ponemos el sol?
—En el cenit,
cayendo justiciero y perpendicular sobre la meseta...
Y el tablero de la meseta
limpio,
escueto...
que no se vean más que las rayas paralelas de los surcos...
La carretera blanca, seca, recta,
hasta clavarse en el azul del horizonte.
El cielo azul, sin una nube...
En la tierra ni la sombra de una nube
ni una curva.
Alguien dijo que en Castilla no hay curvas —bien dicho—.
En este paisaje místico y austero no hay curvas.
Ni curvas ni sombras.
Geometría...
Geometría rectilínea...
Geometría... y luz.
¡Oh luz, luz y amor de mi vida!
¡Luz altanera de Castilla!
¡Tú me recibiste al nacer,
amortájame cuando muera!

¡Así está bien la luz!
Que queden las figuras sin contorno,
así está bien. Así es la luz de Velázquez.
Tienen los objetos un rebrillo que los hace bailar
hasta quitarles el perfil.
Hierve la tierra,
se enfurece el sol.
Y todo es como un horno grande donde crepitan
y tiemblan las cosas hasta perder su forma cotidiana.
La tierra se siente dolorida.
Tal vez este planeta miserable —¡oh, monstruosidad!—
va a parir ahora mismo una estrella.
Algo va a ocurrir en el mundo, extraordinario y sobrenatural.

—Y... ¿qué hora es? ¿Qué hora va a ser en nuestro poema?
—La hora en que un patán puede parecer un rey
y una andrajosa prostituta una princesa de leyenda.
La hora en que Aldonza Lorenzo se convierte en Dulcinea...
La hora en que los santos, los místicos
y los grandes locos de España ven la cara de Dios.
La hora en que un gusano se transforma en mariposa...
La hora de la intrépida metáfora demiúrgica.
La hora meridiana...
La hora exacta y puntual de los grandes milagros.

—¿Y no hay coro? ¿No va a haber coro en el poema?
—¡No!
Un silencio de presagio.
Todo está callado en la meseta.
Allá afuera... todos duermen.
La vieja Castilla guerrera duerme su largo sueño milenario...
La España del caudillo
duerme también.
En la recia casona solariega, duermen todos...
Todos tus hijos duermen, longeva matrona nutricia.
Los viejos y los mozos.
¡Los españoles duermen todos!
Duerme Franco y duerme el Cid.
Y los españoles fugitivos, allá lejos, duermen también...
¡Duermen todos!
¡Sólo Don Quijote está despierto!
¡Duerme España!... ¡pero vela el Rey!

¡Oh pobre rey enloquecido y nazareno!
Ahí le tenéis... ¡miradle!
¡Éste es el héroe!
¡ahí le tenéis!
como un utensilio de la vieja tramoya,
como el gran títere de la farsa.
Éste es aquel a quien yo llamé un día:
el pobre payaso de las bofetadas.
Pero no es verdad.
Éste es el Rey... ¡Nuestro Rey!

¡El Héroe!
Ahora me gusta llamarle
El Gran Prestidigitador.
Hace juegos de prestidigitación
sin trucos y sin trampas.
Y un juego de prestidigitación
sin trucos y sin trampas...
es un milagro.
¡Don Quijote puede hacer milagros!

Un día iba por la carretera de la Mancha
y allá a lo lejos apareció una aldeana montada en un asno...
Era fea, horrible, chata, desdentada, olía a cebolla...
Era un monstruo.
Se llamaba Aldonza Lorenzo.
Don Quijote la ve...
Y por no sé qué mecanismo divino de imaginación dice,
¡grita!:
Aquella que viene allí... ¡es Dulcinea!
¡La Princesa del Toboso!
Lo dijo con tal fe, y empuñando la lanza para defender
sus palabras, que Aldonza Lorenzo desaparece en las sucias
arenas de la carretera de la Mancha...
Y Dulcinea queda ahí para siempre, clavada como una
    estrella,
en el cielo poético de la historia.

Otro día...
—¿O fue una noche? Era una noche.
Era una noche bajo la luna.
Acuérdate, Sancho—.
Estabais en Sierra Morena.
No habíais comido hacía cuatro días.
Unos pastores os agasajaron cordial y generosamente.
Era el pueblo humilde y sencillo de España,
que no sabía leer, como tú entonces.
Cabreros eran.
Pero tenían todos el porte altivo de un rey.
Pobres eran...

pero sacrificaron un carnero,
y hubo carne.
Y trajeron unas hogazas,
y hubo pan,
y abrieron unos odres,
y hubo vino...
Os obsequiaron sin saber quiénes erais... —acuérdate—.
Y al final, sobre la tierra, vertieron un saco de bellotas.
Era el postre de los pastores.
Y fue el momento en que tu señor se iluminó.
Y para pagar el agasajo
tomó un puñado de bellotas,
lo levantó bajo la luna
y dijo tales cosas
y de tal manera
que aquellas bellotas
se convirtieron de improviso
en un mundo lleno de paz y de armonía,
de justicia y de amor...
Se convirtieron en la Edad de Oro,
en ese mundo que andan buscando hoy los economistas
y los santos de todo el planeta...
¡Fue aquél un juego maravilloso de prestidigitación!
De aquel puñado de bellotas sacó Don Quijote... *una
paloma*...
La paloma blanca del gran prestidigitador...
Y voló aquella paloma con una curva parabólica...
tan completamente evangélica que parecía que era Jesús
mismo el que estaba hablando.
Y empezó como Jesús empezaba siempre sus parábolas:

"En aquellos tiempos..."
Matando el Tiempo
El Tiempo nos confunde...
No hay tiempo.
"Dichosos tiempos y dichosa Edad aquella... en que lo tuyo
y lo mío eran palabras desconocidas..."
"Dichosa edad *aquélla*"...
¿Qué edad era aquélla?

¿Es una edad pretérita o futura?
¡No hay tiempo en las parábolas!
Y aquella edad... ¡vendrá!
No ha sido... será.
Vendrá porque los cabreros la piden y la defienden con fe
como quería Jesucristo.
Cervantes dice que los cabreros
no entendieron aquel discurso de la Edad de Oro...
Pero sí lo entendieron.
Ahora estamos viendo que sí lo entendieron.
Porque todo lo que se disputa
y por lo que se lucha hoy en el mundo
es porque el hombre viva un día como en esa Edad de Oro
de que hablaba Don Quijote a los cabreros aquella noche
de luna en las entrañas de Sierra Morena.
—Pero ¿qué verso, qué acento épico —dice el utilero—
va a tener este poema?
¿No hay coturnos aquí?
Y yo digo: —Hemos apuñalado a todas las retóricas...
Y a Homero también.
Ahora Homero no nos sirve para nada...
Ni Aquiles tampoco.
Que se lleven los coturnos.
No quiero coturnos.
Los coturnos para Zeus.
Nosotros vamos a caminar con unas sordas sandalias
    evangélicas
Y el paño de lágrimas de Hécuba
que se lo lleven también.
Allá que Hamlet pague regiamente a unos cómicos
para que lloren por la reina de Troya.
¿Qué me importa a mí Hécuba?
¿Y qué me importa Troya?
Aquí no hay lágrimas retóricas
ni cánticos plañideros de histriones asalariados.
Yo no lloro por los vivos
ni los muertos.
Mi llanto no es hipo
ni moqueo de velorio.

¡Nosotros vamos a llorar mucho más alto!
He visto que todas las Troyas
y todos los imperios del mundo
desaparecen en el polvo...
Y el gran imperio español
de donde arranca mi sangre y mi linaje...
¡también lo he visto en el polvo!
¡No!
Yo no lloro por Hécuba
ni por Troya.
Ni por España...
¡Quiero llorar mucho más alto!
Mi llanto no tiene ya
una parábola terrestre.
Es vertical...
y va buscando...
No sé qué constelaciones va buscando.
Pero quiero un reino
—sin comienzo,
sin historia
y sin fin...
Un reino que no se desmorone con el tiempo...
Un reino donde la luz haga santas y eternas
todas las cosas que toque.

Y no vamos a llorar por hexámetros.
El acento de los hexámetros
no me sirve tampoco.
¡Que se lleven todos los hexámetros!
Aquí no hay más acento que el mío.
Este poema lo he inventado yo...
¡Y yo impongo el único acento que me sirve!:
¡El mío!
Un versículo que yo uso ahora por vez primera.
Es un versículo que sólo se consigue con los años.
Yo tuve que cumplir ochenta años
para poder usarlo.
¡Y haber llorado mucho!
Es un acento que me viene de muy lejos...

de represas contenidas y remotas
y de saltos de sangre
que ahora, en la vejez, no puedo reprimir.
¡Tal vez no debí haberlos reprimido nunca!
¡Que salten como torrentes por encima de todos los
    hexámetros!
Porque a veces sucede que el acento de un hexámetro
apaga el latido de la sangre
y yo lo que quiero es que se oiga ante todo
el latido de mi sangre.
Y sucede también
que el ritmo de mi sangre
es un ritmo métrico y poético.
Pero de esto yo no tengo la culpa.
Yo no lo he buscado.
—Observo que un versículo cualquiera de este poema
se puede descomponer
en endecasílabos, hexámetros,
eneasílabos,
versos de cuatro sílabas...
Y que al juntarse para formar el versículo
lo hacen siempre de una manera tan singular
que dan justamente la nota exacta de mi corazón.
Me parece que esta retórica, además,
es la más fácil de traducir a todos los idiomas.
Cuando un verso tiene que volar muy lejos
—y este poema va a volar muy lejos—
estas alas son las que más convienen.
Enderezo siempre al rojo vivo
el garabato barroco de todos los hipérbaton
—odio el hipérbaton—
y me gusta el verso limpio y recto como una lanza.
Cuando me traduzcan
quiero que mis palabras se acomoden sin violencia
a los moldes y a las medidas más sencillas.
Traductores: usad una vasija de barro
donde beban todos los que tienen sed.

Os he traído aquí esta noche
para que presenciéis otro juego de prestidigitación:
Otro milagro.
¿Que creíais?
¿Que os había convocado aquí
para que saliese el tenor y cantase una romanza?
¡No!
Os he traído para que presenciéis
el gran juego Español de prestidigitación.
¡La Gran Jugada española!

España
es un pueblo de
Guerreros... y... de Santos.
¡Aquí están las cartas boca arriba! El Guerrero y el Santo.
¿Por quién apuestas tú?
El juego va a empezar:
Todo lo he arreglado como habéis visto
para que no pueda escaparse el burlador.
La meseta de Castilla, donde va a suceder todo,
la he dejado limpia:
sin un árbol,
sin un pájaro,
sin una sombra...
La luz abierta y cenital...
ni un resquicio ni un escondrijo
donde pueda agazaparse la trampa...
He espantado a todos los fantasmas...
los barrocos
y los clásicos...
y he ahuyentado a la retórica
porque la retórica es el paño del prestidigitador
donde se esconden las lentejuelas y los abalorios.
Os he presentado a los personajes;
conocéis al héroe...
Todo está ya listo para el espectáculo.

Atención ahora... ¡Mirad bien!
¡Que nadie nos burle!

¡Que nadie nos engañe!
¡¡Atención!!... Vamos a empezar.

"La gran aventura"

Ahí vienen los dos:
Caballero y Escudero...
en sus clásicas cabalgaduras.
Ahí vienen...
carretera adelante...
vienen lentos... callados.
Don Quijote mira hacia lo lejos
escudriñando el horizonte...
De pronto Rocinante hace un respingo
y mueve epilépticamente la cabeza.
Algo sucede.
Algo ha olido Rocinante en el viento.
El Rucio también se encalabrina.
Les arden las narices a las bestias.
Allá lejos el cielo es una roja lámina que tiembla...
Tiemblan el aire y la luz.
En la lejanía bailan unos objetos.
Don Quijote se afianza el yelmo sobre las sienes,
se empina sobre la estribera,
se levanta sobre la montura,
enristra la lanza
y con la cabeza erguida y la mirada fija, no se sabe dónde,
sonámbulo,
o en el momento más encendido de su divina locura
y con los ojos inmensamente abiertos, grita
(su voz retumba hasta hacer vibrar la cóncava lámina azul
    y cálida del firmamento):
—¡¡¡Allí está!!!... ¡¡Allí viene!! ¿Le ves, Sancho?
El escudero, haciendo visera con la mano sobre la frente
llena de sudor y de tierra y guiñando los ojos, mira
atentamente sobre la lejanía del camino.
Luego dice exaltado y aguerrido:
—¡Sí... sí... sí...! ¡Es él! Ése es el verdadero,

el mismísimo caballero Don Mambrino... Y lo que lleva
en la cabeza... no es la bacía de un barbero...
¡Es un yelmo!... ¡El yelmo de oro!... *¡El yelmo de la
guerra!*
¡¡Vamos con él!!
—¡No!... ¡quieto, Sancho!... ¡quieto!
—¡Vamos! —insiste el escudero—.
¿Por qué os arredráis?... Nunca, señor, os he visto cobarde
como ahora.
—Quieto he dicho, Sancho.
Y Don Quijote refrena y para en seco a Rocinante.
Los dos se quedan esperando.
Don Quijote baja la lanza, clava otra vez los ojos allá lejos,
con una mirada divinamente enloquecida y sobrenatural.
Tiembla... y luego dice:
—¿Qué es aquello que viene? ¿Y de dónde viene?
¿De la tierra o del cielo?
Vibra todo con tal fuerza
que la línea del horizonte se diluye y se confunde.
No hay horizonte.
¡Ahora no hay horizonte!
—¿Quién viene?... ¿Quién llega? —sigue gritando el
caballero.
—¡Mambrino! —replica el escudero.
—¡No, Sancho! Ése no es Mambrino.
Y lo que lleva en la cabeza... ¡no es un yelmo!...
—¿Qué es entonces?
—El oro no brilla nunca así. Es algo de muchos más quilates
que el oro... Es como un nimbo cegador y celestial...
Y el que lo lleva en la cabeza *no* es un caballero andante.
—¿Quién es?
—No sé... parece un ángel... con una melena de fuego.
Don Quijote no alcanza a decir lo que está viendo.
—Ya viene, ya pasa... llegó... pasó rápido... —dice
recogiéndose
y aturdido el escudero.
*Hay un súbito relámpago que los derriba a los dos de la
montura.*
Caen de bruces sobre la tierra.

El poeta interviene explicativo:
—¿Qué ha sucedido?
¿Quién pasó?
El que pasó se ha disuelto en el fúlgido rebrillo de la luz.
Ya no se le ve...
¡Oh, esta luz mágica y alucinante de Castilla
que hace crecer los milagros como las espigas!

Cuando se levantan, caballero y escudero,
han desaparecido las monturas.
¿Dónde está Rocinante?
¿Dónde está el Rucio?
Y no encuentran por ninguna parte las armas.
Sancho las busca inútilmente.
Ni casco.
Ni lanza.
Ni espada.
Ni rodela...
Don Quijote se ha quedado casi desnudo,
con un jubón raído por los siglos
y unas sucias calzas andrajosas.
Pero... ¿qué es lo que tiene en la cabeza?
Sancho no le reconoce.
Le contempla maravillado y se estremece.
—¿Qué ocurre, Sancho? —se atreve a preguntar el caballero.
Y Sancho le interroga:
—¿Quién sois, señor? Resplandecéis. Estáis vestido de luz...
Y os tocáis la cabeza con una corona de fuego.
(Parece como si los sesos encendidos de su divina locura
le hubiesen florecido sobre la frente
en una áurea y refulgente diadema de espigas.)
Don Quijote baja humildemente la cabeza, se santigua... y
reza *muy quedo* una oración.
—¿Qué reza? —interviene el poeta—. Sólo se oyen estas
palabras claramente:
                    "Venga a nos el tu reino."
Luego Don Quijote dice:
—Aquel que pasó *era un ángel.* Bien sabía yo que no era
  Mambrino.

Y Sancho reafirma lleno de fe:
—*No era Don Mambrino.*
—¡Era un ángel, Sancho! —vuelve a decir Don Quijote—.
Era el ángel de la Paz,
por eso se ha llevado nuestras armas,
mi armadura también,
y ha cambiado el yelmo
por esta luz que ves sobre mi frente...
Se llevó todos mis bélicos arreos
Y me ha dejado... *su corona.*
Don Quijote, así, levanta la cabeza,
enjuta, aquilina y nazarena
hacia el encendido firmamento
y el sol se quiebra, iridiscente
en las lágrimas que surcan sus mejillas.

Parece un Cristo viejo,
un Cristo muy viejo y feo...
tallado,
mordido,
mordido con rabia
por una gubia inquisidora
que busca
y rebusca
no se sabe qué diamante divino
en esa extraña substancia española
amasada
con sangre
y con sombras
de siglos y siglos oscuros
y machacada en el cóncavo cuenco del misterio.
Éste es el Cristo español a quien yo quiero
que se parezca ahora a Don Quijote...
No esos Cristos que han tallado
los imagineros de Valladolid.
Los imagineros españoles han hecho Cristos
con lágrimas de cuentas de vidrio
donde apenas rebrilla la luz.

En cambio esta luz de Castilla
¡qué bien se quiebra
en una lágrima de verdad!
—Aquí aprendí yo, hace mucho tiempo,
esto que luego me ha gustado tanto repetir:
¿Por qué están hechos nuestros ojos para llorar y para
　ver...?
¿Y por qué en la gota amarga de una lágrima
ve el niño por vez primera
cómo se quiebra un rayito del sol
y salen volando igual que siete pájaros
los siete colores del espectro?
No quiero esos Cristos monstruosos
con lágrimas de vidrio
que hacen los imagineros asalariados,
para asustar a las comadres
y confundir a los labriegos.
No me sirven estos Cristos.
¡Que se los lleven también!
Yo quiero un Cristo viejo y feo
¡que llore de verdad!
¿Llora el caballero?
Sí... ¡llora el caballero!
Y no sabe por qué llora
ni por quién llora...
pero si no llora de verdad...
¡no hay poema!
Y el poeta que escribe estos versos
también es viejo y feo...
Y también llora
y no sabe tampoco por qué llora...
Pero si no llora de verdad...
¡tampoco hay poema!
El hombre es un animal extraño
—que un día se pone a llorar, sin más ni más...
y no sabe por qué llora,
por quién llora,
y qué significa una lágrima...

Cuando vuelve Don Quijote la cabeza hacia la tierra
le pregunta al escudero:
¿Qué significa esto, Sancho amigo?
Sancho se arrodilla y le besa la mano llorando...
Quedan así, juntos los dos.
Quietos,
inmóviles,
como parados en el Tiempo...
En la Historia sangrienta de los hombres...

Y ahora... ¿dónde vamos, señor?, dice el escudero...

....

¡ALTO!

¡ALTO!

¡Alto!... He dicho alto, no he dicho fin. El poema no termina aquí. Y el poema no es así tampoco. Tiene que ser de otra manera. ¿Cómo?... No sé, pero no es así. Antes era más largo. Iba... no sé adónde. ¿Adónde puede ir este poema?... Mañana... tal vez mañana... tal vez algún poeta, mañana.

—¿Mañana?... "Lo que hicimos ayer... lo que hagamos mañana."

—¿Esa voz?... ¿Quién habla ahí?

—Soy yo... ¿no me conoce usted?... Soy el Arcipreste... usted me llamó en su "Ciervo", el Arcipreste. Pero soy el que escribió el Eclesiastés.

—¡Hombre!... a usted le andaba yo buscando, con usted quería yo hablar.

—Hablemos.

—Mire usted señor Arcipreste: Yo no soy un poeta épico... ni anti-épico. Alguien dijo que yo era un poeta lacrimógeno. Tampoco... Yo no soy más que un clown, un clown que se ha puesto a hacer juegos malabares con unas ideas absurdas e intemporales y con unos símbolos falsos que no funcionan.
¿Ha leído usted el fragmento de ese poema anti-épico, que yo quiero escribir?

—Sí, lo acabo de leer. Es desconcertante... atrevido... demasiado ambicioso.

—¡Hojalatería! Eso que he escrito no es más que hojalatería: "La Bacía"... "El Yelmo"... "El Halo". Barbería, cuartel, sacristía... todo hojalatería... ¡y retórica! ¡Yo que quería escribir un poema sin retórica!... Luego, como el poema no puede ser... ya verá usted cómo no puede ser y por qué no puede ser... Al final de rabia me pongo a llorar con un llanto histérico e impotente. Todo se hace llanto: llora el héroe, llora el poeta, llora el hombre...

—Sí, sí, llora todo el mundo. Sancho también. ¿A qué viene ese llanto? Con lágrimas sólo no se puede hacer un poema.

—Tiene usted razón señor Arcipreste... ¿Qué motivos hay para llorar? ¡Vámonos al circo!

(Caminan).

Yo soy un gran clown, ¿sabe usted? No se lo había dicho antes. Cuando nos vimos la otra vez, allá en el mesón de "El Ciervo", tenía yo muy mal humor, estaba enfermo, loco y sólo decía herejías y blasfemias...

Pero ahora, escribiendo este libro me he dado cuenta de que yo soy un gran bufón. Ya me han contratado en el cielo para cuando me muera... Sólo están esperando mi cédula de defunción.

A veces, todavía, no sé por qué me vuelve el hipo lacrimógeno... pero yo lo disimulo en seguida y lo transfiguro, por un extraño mecanismo, en una pirueta de mi invención, que es de gran éxito. Las piruetas con lágrimas, son un manjar de príncipe. Siempre lo fueron. Los grandes pintores, los poetas geniales y los bufones sabemos esto muy bien. Es un juego difícil, muy difícil, eso sí. Y también sé dar el salto mortal: el doble, el triple salto mortal. Un salto que sólo ejecutan ciertos payasos ya muy viejos y moribundos... ¡ya verá usted, ya verá usted!

¡Entremos!

No se olvide usted, señor Arcipreste, que entramos en un circo donde yo soy el payaso principal. Siéntese usted cómodamente. No se me escape. Yo vendré a verle de vez en cuando porque casi siempre tengo que estar en la pista.

El primer número creo que es el de las palomas. Véalo todo hasta el final. No se aburrirá usted. El espectáculo es muy variado: Hay números clásicos. Los viejos números eternos que no pueden faltar en ningún circo. Los payasos diciendo payasadas y donde yo tengo que intervenir también, diciendo payasadas. Hay números de fuerza y equilibrio. Hay un número que se llama "Delirio" que no se ha ejecutado nunca. El número final es muy divertido: El viejo payaso vestido de pastor que pretende matar a Goliat. Todo está hecho para que nadie llore. Aquí se ríe... se ríe... se ríe todo el mundo hasta llorar. Hasta llorar de risa. Luego se da cuenta el espectador que está llorando *de verdad*... pero de esto ya no tiene la culpa el empresario.

AUSCHWITZ

Esos poetas infernales,
Dante, Blake, Rimbaud...
que hablen más bajo...
que toquen más bajo...
¡Que se callen!
Hoy
cualquier habitante de la tierra
sabe mucho más del infierno
que esos tres poetas juntos.
Ya sé que Dante toca muy bien el violín...
¡Oh, el gran virtuoso!...
Pero que no pretenda ahora
con sus tercetos maravillosos
y sus endecasílabos perfectos
asustar a ese niño judío
que está ahí, desgajado de sus padres...
Y solo.
¡Solo!
aguardando su turno
en los hornos crematorios de Auschwitz.
Dante... tú bajaste a los infiernos
con Virgilio de la mano
(Virgilio, "gran cicerone")
y aquello vuestro de la *Divina Comedia*
fue una aventura divertida
de música y turismo.
Esto es otra cosa... otra cosa...
¿Cómo te explicaré?
¡Si no tienes imaginación!
Tú... no tienes imaginación,

acuérdate que en tu "Infierno"
no hay un niño siquiera...
Y ése que ves ahí...
está solo
¡Solo! *Sin cicerone*...
esperando que se abran las puertas de un infierno
que tú, ¡pobre florentino!,
no pudiste siquiera imaginar.
Esto es otra cosa... ¿cómo te diré?
¡Mira! Éste es un lugar donde no se puede tocar el violín.
Aquí se rompen las cuerdas de todos
los violines del mundo.
¿Me habéis entendido, poetas infernales?
Virgilio, Dante, Blake, Rimbaud...
¡Hablad más bajo!
¡Tocad más bajo!... ¡Chist!
¡¡Callaos!!
Yo también soy un gran violinista...
y he tocado en el infierno muchas veces...
Pero ahora, aquí...
rompo mi violín... y me callo.

NO TENGO ORIGINALIDAD

¿Quién me ha metido en el bolsillo
estos documentos?
Llego a casa,
cuelgo de la percha
mi saco y mi sombrero...
(¡Oh este sombrero que me pongo
y me quito como quiero!)
Luego cuando, para salir a la calle,
me pongo otra vez el saco y el sombrero
noto que en el bolsillo del saco
hay otros documentos...
Pero... ¿quién diablos me ha metido en el bolsillo
estos documentos?
¡Si no son documentos!
Son unos versos...
Y muy buenos...
los incluiré
en mi libro primero.
(Y oigo una risa en los rincones
de ángeles traviesos.)
Todo sucede siempre así.
Señor Arzobispo, yo no escribo mis versos.
Me los meten en el bolsillo
(¡qué delicadeza de Dios!)
sus angélicos mensajeros.
Debo confesar aquí, humildemente,
que no tengo originalidad.
Y ahora yo pregunto solamente:
¿Son éstos unos versos blasfemos
o son unos sagrados documentos?

LA CARNE SE HIZO LUZ

—¿La carne se hizo luz?
¿O la luz se hizo carne?
—Qué más da... es igual.
—No es igual, dice el teólogo Don Baltazar.
¡Hay que decidir!
—¡¡La carne se hizo luz!!
—¡Herejía!
—No. El Cristo está ahí...
y a mí no me importa
si vino de una estrella
o salió de una carpintería de Nazaret.
Él es el único rayo de luz
que hasta ahora ha podido atravesar
ese muro terrible del Misterio.
Él abrió un boquete,
ha señalado un camino...
Y la esperanza desde que Él vino
está ahí bailando alegremente
en las tinieblas cerradas del mundo...
Lo demás se lo dejo a los Teólogos.

CRISTO

Cristo,
te amo
no porque bajaste de una estrella
sino porque me descubriste
que el hombre tiene sangre,
lágrimas,
congojas...
¡llaves,
herramientas!
para abrir las puertas cerradas de la luz.
Sí... Tú nos enseñaste que el hombre es Dios...
un pobre Dios crucificado como Tú.
Y aquel que está a tu izquierda en el Gólgota,
el mal ladrón...
¡también es un Dios!

EL CRISTO DE VELÁZQUEZ

Me gusta el Cristo de Velázquez.
La melena sobre la cara...
y un resquicio en la melena
por donde entra la imaginación.
Algo se ve.
¿Cómo era aquel rostro?
Mira bien,
componle tú.
¿A quién se parece?
¿A quién te recuerda?
La luz entra
por los cabellos manchados de sangre
y te ofrece un espejo.
¡Mira bien...! ¿no ves cómo llora?
¿No eres tú?... ¿No eres tú mismo?
¡Es el Hombre!
El Hombre hecho Dios.
¡Qué consuelo!
no me entendéis...
pero yo estoy alegre.
¿Por qué estoy alegre?
No sé...
tal vez porque me gusta más así:
el Hombre hecho Dios,
que Dios hecho Hombre.

EL GRAN CAMBALACHE

¡Qué mal negocio hicisteis, mexicanos!
¡Fue un mal negocio aquél!...
¡El gran cambiazo!
¡El Gran Cambalache!
Y todo sucedió aquí,
en el primer mercado de América...
Aquellos conquistadores de los caballos,
aquellos frailazos mercenarios y franciscanos
eran unos zorros, unos traficantes
que venían de España,
de la feria de Medina,
duchos en trocar pepitas de oro
por cuentas de abalorio...
Esto fue lo de menos.
Cosas de la soldadesca.
Lo grave fue que os dejasteis cambiar
la pirámide por la cruz,
y que trocasteis un dios que pedía para sí
la sangre de todos los indios
por un Dios que daba la suya
por todos los indios de la Tierra...
Fue un mal negocio
aquel cambiazo,
aquel cambalache... fue un mal negocio, mexicanos.
¿En qué estabais pensando...?
¡Pobre Huicilopostli!
¡Qué habrá sido de él!

ESCUELA

A mi querido amigo el DR. CARLOS PARÉS,
sin el cual este libro no existiría.

Oí tocar a los grandes violinistas del mundo,
a los grandes "virtuosos".
Y me quedé maravillado.
¡Si yo tocase así!... ¡Como un "Virtuoso"!
Pero yo no tenía
escuela
ni disciplina
ni método...
Y sin estas tres virtudes
no se puede ser "Virtuoso".
Me entristecí.
Y me fui por el mundo a llorar mi desdicha.
Una vez oí... en un lugar... no sé cuál...
"Sólo el Virtuoso puede ver un día la cara de Dios."
Yo sé que la palabra "Virtuoso" tiene un significado
   equívoco, anfibológico,
pero, de una o de otra manera, pensé,
yo no seré nunca un "Virtuoso"...
y me fui por el mundo a llorar mi desdicha.

Anduve... anduve... anduve...
descalzo muchas veces,
bajo la lluvia y sin albergue...
solitario.
Y también en el carro itinerario
más humilde de la farándula española.
Así recorrí España.
Vi entonces muchos cementerios,
estuve en humildes velorios aldeanos
y aprendí cómo se llora en los distintos pueblos españoles.

Blasfemé.
Viví tres años en la cárcel...
no como prisionero político,
sino como delincuente vulgar...
Comí el rancho de castigo con ladrones y grandes asesinos...
viajé en la bodega de los barcos;
les oí contar sus aventuras a los marineros
y su historia de hambre a los miserables emigrantes.
He dormido muchas noches, años, en el África Central,
allá, en el Golfo de Guinea, en la desembocadura del Muni,
acordando el latido de mi sangre
con el golpe seco, monótono y tenaz
del tambor prehistórico africano
de tribus indomables...
He visto a un negro desnudo
recibir cien azotes con correas de plomo
por haber robado un viejo sombrero de copa
en la factoría del Holandés.
Vi parir a una mujer
y vi parir a una gata...
y parió mejor la gata;
vi morir a un asno
y vi morir a un capitán...
y el asno murió mejor que el capitán.
Y ese niño, ¿por qué ha llorado toda la noche ese niño?
No es un niño, es un mono —me dijeron.
Y todos se rieron de mí.
Yo fui a comprobarlo
y era un mono pequeño en efecto,
pero lloraba igual que un niño,
más desgarrada y dolorosamente que todos los niños
que yo había oído llorar en el mundo.
El Sargento me explicó:
—Anoche en el bosque matamos al padre y a la madre,
y nos trajimos al monito.
¡¡Cómo lloraba el monito!!

Estuve en una guerra sangrienta,
tal vez la más sangrienta de todas.

Viví en muchas ciudades bombardeadas,
caminé bajo bombas enemigas que me perseguían,
vi palacios destruidos, sepultando
entre sus escombros niños y mujeres inocentes.
Una noche conté cientos de cadáveres
buscando a un amigo muerto.
Viví en manicomios y hospitales.
Estuve en un leprosario
(junto al lago petrolífero y sofocante de Maracaibo),
me senté a la misma mesa con los leprosos.
Y un día, al despedirme,
les di la mano a todos,
sin guantelete, como el Cid...
no tenía otra cosa que darles.
He dormido sobre el estiércol de las cuadras,
en los bancos municipales,
he recostado mi cabeza en la soga de los mendigos,
y me ha dado limosna —Dios se lo pague—
una prostituta callejera.
Si recordase su nombre lo dejaría escrito aquí
    orgullosamente
en este mismo verso endecasílabo.
¡Oh, qué alegría!, poder pagar una letra,
una deuda, una limosna de amor
a los cincuenta años de vencida.

Y esta llaga que llevo aquí escondida
—desde mozo, hace 60 años—,
que sangra, que supura, no se cierra
y no puedo enseñarla por pudor.
No es herida gloriosa de la guerra...
¡Pero hay llagas redentoras!

Una vez... alguien me llevó ciego
a un lugar de pesadilla... de *bicéfalos monstruos.*
¿Alguien?... ¿o fue el veneno antiguo y poderoso de mi
    sangre
que está ahí, agazapado como un tigre,
se levanta a veces, deforma el *Amor*

y me deja sin defensa
en un mundo subyugante, satánico y angélico a la vez,
donde se pierde al fin la voluntad
y uno ya no puede decir quién quiere que venza,
si la luz o la sombra?
Sin embargo
aquella vez vencieron y me salvaron los ángeles...
Pero yo no fui un soldado valiente.
¡Oh el amor, el amor...! ¡Qué formas toma a veces!
¿Por qué ha de ser así?
¿Por qué este veneno de la sangre está ahí siempre,
agazapado como un tigre, y no se va,
y a veces se levanta, y lucha... y, ¡ay!, puede más que los
   ángeles?

Volví a blasfemar.
Quiero contarlo todo.
Que vengan el pregonero,
el cura,
el psiquiatra,
el albañil...
Quiero que sepa todo el mundo
cómo
y de qué
está construida mi casa.
Otra vez,
desesperado,
quise escaparme por la puerta maldita y condenada
y mi ángel de la guarda me tomó de los hombros
y me dijo severo: no es hora todavía...
hay que esperar.
Y esperé.
Y sufrí,
y lloré otra vez.
He visto llorar a mucha gente en el mundo
y he aprendido a llorar por mi cuenta.
El traje de las lágrimas
lo he encontrado siempre cortado a mi medida.

Viví en Norteamérica seis años, buscando a Whitman,
y no le encontré. Nadie le conocía.
Hoy tampoco le conocen.
¡Pobre Walt!, tu palabra "Democracy"
la ha pisoteado el Ku-Klux-Klan...
y "aquella guerra", ¡ay!, "aquella guerra" la perdisteis los
   dos:
Lincoln y tú.

Llegué a México montado en la cola de la Revolución.
Corría el año 23...
y aquí planté mi choza,
aquí he vivido muchos años,
aquí he vivido.
Llegué a México montado en la cola de la Revolución.
Corría el año 23...
y aquí planté mi choza,
aquí he vivido muchos años,
he llorado,
he gritado,
he protestado
y me he llenado de asombro.
He presenciado monstruosidades y milagros:
aquí estaba cuando mataron a Trotsky,
cuando asesinaron a Villa,
cuando fusilaron a 40 generales juntos...
y aquí he visto a un indito,
a todo México
arrodillado llorando ante una flor.

He acompañado a la muerte muchas veces:
la vi a la cabecera de mi madre,
de mi compañera,
de amigos innumerables...
He sufrido y sufro el destierro...
Y soy hermano de todos los desterrados del mundo.

Tengo un amigo judío que estuvo en Auschwitz
y me ha enseñado las cicatrices del látigo alemán.

He estado en el infierno.
En un infierno que Dante y Virgilio no soñaron siquiera.
Salí del infierno... y he rezado mucho después.
Me sepultaron vivo
y me escapé de la tumba.

He vivido largos años
y he llegado a la vejez
con un saco inmenso,
lleno de recuerdos,
de aventuras,
de cicatrices,
de úlceras incurables,
de dolores,
de lágrimas,
de cobardías y tragedias...
y ahora... *de repente*,
a los 80 años
me doy cuenta de que sé tocar muy bien el violín...
que soy un "Virtuoso",
que puedo tocar en los grandes conciertos del mundo.
(El hombre y el poeta
son un mismo y único instrumento.)
Me gusta haber dado con mi almendra
antes de morirme.
Me gusta haber llegado a la vejez
siendo un gran violinista...
un Virtuoso.
Pero... con esta definición
que oí cierta vez en un lugar... no sé cuál:
"Sólo el virtuoso puede ver un día la cara de Dios."

EL ZURRÓN DE LAS PIEDRAS

Éste es el zurrón
de un viejo pastor trashumante.
En este zurrón guardo yo las piedras
—pequeñas y ligeras—
que se acomodan a la medida de mi honda.
Piedrecillas,
guijarros son,
recogidas por todos los caminos del mundo.
Un día tuvieron otro destino.
Ahora me gusta lanzarlas al viento,
sin otro propósito
que el de contemplar
la curva —baja o alta,
corta o larga—
de su parábola.
Las he encontrado
en diversas latitudes de la tierra.
Hay guijarros aquí
del río Duero,
del enjuto Manzanares,
del Hudson,
del Magdalena;
piedras de las parameras de Castilla,
de las serranías mexicanas
y de las altas pizarras andinas de Bolivia...
Unas muy pulidas
por antiguas aguas diluviales
y otras ásperas y roncas
arrancadas de la lava del último volcán.
¡Oh generoso Paricutín!
Piedras cárdenas,
piedras encendidas, cargadas de pasión,
piedras pedernales,

piedras acres,

piedras de obsidiana recogidas en lo alto de las pirámides,
junto a la piedra azteca y molinera de los sacrificios;

piedras cínicas,

sarcásticas,

sacrílegas;

piedras sucias, algunas todavía con el blando limo del
pantano.

Piedras excrementales.

Piedras nacidas de mi imaginación enloquecida y pestilente.

(¡Eh, boticario, buen boticario... véndame una onza de
almizcle para perfumar mi imaginación!)

Piedras oscuras, recogidas en la tierra removida por las
bombas en las noches de luto de la guerra...

Piedras eucológicas,

piedras blancas, bautizadas en las aguas puras del Jordán...

Piedras plegarias, arrancadas del viejo ábside

desmoronado de los templos...

Piedras nazarenas, recogidas en la misma calle de la
amargura por donde pasó Jesucristo camino del calvario.

"Hazme una cruz sencilla, carpintero"...

(Me gustaría contar la historia de esta piedra: es un verso
pequeño. Me salió como una oración. Y yo lo he guardado
siempre y le he rezado con lágrimas: en los hospitales, en
la guerra, en los leprosarios, en los días de desespero y
abandono... Ahora esta piedra la tengo colgada en la cruz
que se yergue en la cabecera de mi cama. Es una cruz des-
nuda y sencilla como yo la describo. Un día, Carlos Arruza,
mi sobrino, cuando vio que no tenía cruz que presidiera mi
lecho, me regaló una preciosa y de gran valor, con un Cristo
delirante.

Era una joya gótica: valía un dineral. Regalo de un torero
rumboso que me ha querido siempre como yo a él. Pero
aquella cruz no me gustaba... Y se la devolví. Entonces le
mandé hacer a mi amigo el carpintero Ernesto una cruz
lisa y sin efigie. La cruz desnuda como la dejó Jesucristo
cuando "al seno del Padre subió el Verbo y al seno de la
tierra bajó el cuerpo", cruz que fue construida para un Dios

pero que ahora le viene perfectamente al hombre. "Igual le sirve al juez que al bandolero." Ésa es la que yo quería y la que me hizo mi amigo, el carpintero Ernesto. Está hecha con las medidas, la forma y el tamaño que yo le di... Y de esta cruz es de donde yo tengo colgado este poema... esta piedra:

> Hazme una cruz sencilla,
> carpintero...
> sin añadidos
> ni ornamentos...
> que se vean desnudos
> los maderos,
> desnudos
> y decididamente rectos:
> los brazos en abrazo hacia la tierra
> el astil disparándose a los cielos.
> Que no haya un solo adorno
> que distraiga este gesto:
> este equilibrio humano
> de los dos mandamientos...
> sencilla, sencilla...
> hazme una cruz sencilla, carpintero.)

Piedras sonámbulas, extraídas de la cueva sombría de las pesadillas.
Piedras sálmicas llenas de fervor y de llanto.
(El salmo es una joya que les dimos en prenda los poetas a los sacerdotes.)
Piedras metafóricas...
Piedras quijotescas lanzadas con el mismo mecanismo enloquecido y roto de aquel estrafalario fantasma de la Mancha que defendía sus metáforas con la intrépida y demiúrgica punta de su lanza.
(Voy a hacer otra pausa... Voy a contar otra cosa.)
De todas las banderas poéticas que he visto en mi vida —y creo que las he visto todas— pasar por debajo de mi balcón, me he afiliado solamente a la de Don Quijote. Y sostengo que la mejor fórmula para componer un poema es la suya. Hace pocos meses yo dije: "Son ángeles todos los jo-

robados del mundo." No sé por qué dije esto. Lo dije como Don Quijote dijo que Aldonza Lorenzo era la princesa del Toboso.

La gente se rió de mí otra vez... pero yo sostuve con mi lanza poética que lo que yo había dicho era una verdad axiomática inconmovible, y escribí este poema:

ÁNGELES

A mi amigo, el jorobadito RUBÉN, *que volvió a su sitio y ahora está de nuevo en su casa eterna y celestial*

¿Y se mueren los ángeles?...
¿Quiénes son los ángeles?
¿Cómo son los ángeles?
Ese jorobadito que vendía lotería
por las calles y los cafés de la ciudad
y ahora está dormido
en esa caja blanca,
acostado de perfil...
¿no era un ángel?
¡Yo sostengo que son ángeles
todos los jorobados del mundo!...
y pienso
que un día, allá en el cielo,
toparon con una nube negra y dura
y se cayeron a la tierra.
Entonces se les quebraron las alas,
se les apelotonaron torpe y grotescamente
sobre los hombros
y se quedaron prisioneros en el mundo
bajo una lluvia bárbara y humana
de burlas y de espinas.

(Esto lo dije y lo sostengo como Don Quijote
con la lanza poética en ristre...
¡Y a ver quién lo discute!)

Ahora oíd vosotros, todos:
y esto ni lo imagino ni lo pienso.
Esto lo he aprendido anoche,
a los ochenta años de mi vida,
junto al ataúd abierto de mi amigo Rubén:
los ángeles duermen de perfil...
y a los jorobados los entierran de perfil.

Además: ¿Quién no tiene una joroba
y un gran saco de lágrimas?

Voy a decir otra cosa:
Hace ocho años que yo no leía, ni escribía ni hablaba con
nadie... quería irme de aquí como fuese; pero cuando se
murió mi amigo el jorobadito Rubén, yo escribí este poe-
ma... y seguí escribiendo, hasta que salió este libro casi de
una manera milagrosa. Yo estoy asombrado. Y os lo cuen-
to, a vosotros los poetas principalmente, porque creo como
Celaya (¡Buenos días, Celaya!) que el poeta escribe para de-
cir las cosas que le pasan.

Piedras hay aquí,
recogidas hace más de medio siglo
en las viejas carreteras de España...
y piedras que he hallado esta mañana
en los escombros
de los últimos palacios mexicanos
derruidos por Uruchurtu.

Todas pequeñas y ligeras...
símbolos exactos de mi vida.
Piedras encontradas en la escarcela de
un viejo publicano que no sabe rezar.
Piedras sacadas del pozo seco y oscuro
donde se encuentra cautiva, encadenada y ahogándose,

la luz redentora del mundo y que hay que salvar con una
  maroma de lágrima.
Piedras de cementerio...
Piedras recogidas
en las sepulturas de los grandes españoles
desterrados y enterrados en el destierro...
Piedras elegiacas...
¡Oh, Moreno Villa, te debo una elegía!
Y a vosotros también, amigos ilustres:
Altamira,
Canedo,
Barnés (Domingo y Francisco, Paco),
Castrovido,
Albornoz,
Pío del Río Hortega,
Miguel Prieto,
José Oteiza,
José Andrés,
Ruiz Funes,
Fernández Clérigo,
Fraile,
Rioja,
Arteta,
Giral,
Souto,
García Lesmes,
Eugenio Ímaz,
Nicolau d'Olwer,
Cernuda,
Domenchina...
Santuyano,
Emilio Angélico,
Indalecio Prieto,
Rocafull,
Barroso,
Eustaquio Ruiz,
Ceferino,
Ugarte,
Abascal,

Andrés Ribó,
Perucho,
Blas López Fandos,
Llano de la Encomienda,
Dorronsoro...
La letanía es larga... larga, larga, larga...
y ya no tengo memoria.
Se me cansa la mano.
Ya no veo bien...
Sé que faltan muchos... ¡Perdonadme!
¡A todos os debo una elegía!
Y a ti... a ti... español desconocido,
pobre refugiado anónimo
cuyo nombre se ha borrado ya
de tu humilde cruz de madera...
¡a ti... a ti también te debo una elegía!
¿Y qué es una elegía?
una elegía es una lágrima...
lloremos... calladamente lloremos.
Y una plegaria, es también una elegía...
Recemos... calladamente recemos.
Y una elegía... es, sobre todo, silencio.
¡Callemos!... ¡callemos!
¡Oh, las piedras calladas de los cementerios!
¡No digamos nada!
¡Ya lo hemos dicho todo!
Borrad las palabras funerarias...
los retóricos lamentos.
¡Que lo deshaga todo el viento!
Los hipos,
las congojas,
los cánticos...
¡Apagad las campanas!
¡Silencio!... ¡Silencio!
Ante la muerte sólo vale el silencio...
¡Shist...!
                ¡Silencio!

Y alguien dice al borde de la tumba
—¿es el poeta?—: "Un minutito de silencio."
Así en diminutivo mexicano;
"Un minutito de silencio."
¡Qué mezquinos se han vuelto los poetas!
Ricos como somos ahora... millonarios,
con montones, con montañas de silencio,
con la eternidad del silencio...
pedimos como los mendigos:
"Un centavito de silencio"...
Oh, aquellos poetas románticos, rumbosos, pálidos y pobres
que llevaban siempre en el bolsillo de su chaleco rameado
una onza de oro
para hacerla saltar en el mármol blanco y duro
de los panteones
y verla subir en el aire
hasta clavarse en el cielo
como una luna amarilla y callada
bajo la estrepitosa fanfarria de todo el universo.
Alguna vez he oído decir
que yo era un poeta romántico.
Oh, no... no es verdad.
Soy un poeta mezquino.
Yo no tengo una luna amarilla y callada
en el bolsillo de mi chaleco rameado
para poder componer ahora con rumbo
una Elegía de Silencio.
Os sigo debiendo a todos;
los ilustres e innominados refugiados españoles
muertos en el destierro,
que dejasteis vuestra sangre
y vuestros huesos
en todos los cementerios de México...
Os sigo debiendo a todos... a todos...
una larga y dolorida Elegía de Silencio...

Y a esta piedra ¿cómo la llamaré?
"Luz...
cuando mis lágrimas te alcancen

la función de mis ojos
ya no será llorar...
sino ver."

Y a esta otra, ¿qué nombre le daré?
"Toda la luz del Universo:
la divina, la poética,
aquella que buscamos
la verá un día el hombre
por la ventana de una lágrima..."

Piedras ciegas,
piedras interrogantes,
piedras carboníferas,
piedras ardientes...
piedras sacadas con mis propias manos del gran brasero del
    infierno.
Yo he estado en el infierno.
Soy un poeta infernal
—como Dante, como Blake, como Rimbaud.
Y el infierno
no es un fin,
es un medio.
Nos salvaremos por el fuego,
mas no un fuego eterno,
pero es como las lágrimas
un elevado precio
que hay que pagarle a Dios,
sin bulas ni descuentos,
para entrar en el reino de la luz.
¡Todos nos salvaremos!

Piedras altivas y ambiciosas,
piedras disparadas al azul
con un empuje místico o satánico,
con la misma rabia desesperada de Job
para que vayan rebotando de esfera en esfera
hasta dar en la boca cerrada de Jehová...
¡A ver si habla otra vez, desde el torbellino!

¡Oh, este absurdo y monstruoso zurrón
donde hay piedras enemigas y encontradas,
donde viven juntas y revueltas...
la rata y la paloma,
la blasfemia y la oración!

Así tendrá que ser, digo yo.
De otra manera no me conocería nadie...
y Dios mismo no sabría tampoco quién soy.
Tal vez no soy más que un pobre viejo publicano
que a los ochenta años aún no ha aprendido a rezar.

¿Y esta oración?
¿Esta piedra última que escribí esta mañana?...
Es la que más vale de todo este zurrón.
Y la que yo quiero más de todo cuanto he escrito en mi
    vida...
La voy a poner aquí también.
Quiero, antes, hacer un poco de historia:
    "Nadie fue ayer
    ni va hoy
    ni irá mañana hacia Dios
    por este mismo camino
    que yo voy.
    Para cada hombre guarda
    un rayo nuevo de luz el sol
    y un camino virgen
    Dios."

Ésta fue la primera piedra que yo encontré (el primer verso
que escribí) en un pueblo de la Alcarria al que quiero dedi-
carle aquí, ahora, ya viejo y tan lejos de España, mi último
recuerdo. Me parece que estoy escribiendo a España, a la
que ya no veré nunca. Éste fue el primer verso que yo escribí
en mi vida. He querido que vaya al frente de todos mis li-
bros. Lo escribí hace medio siglo. Lo escribí junto a una
ventana en una mesa de pino y sobre una silla de paja, que
ya conocéis. Estaba yo tan derrotado entonces que se me
habían cerrado todas las puertas del mundo. Era tan pobre,

siempre he sido pobre, pero entonces era pobre de pedir...
No sé cómo vine a caer en aquel pueblo. Era —es, supongo,
todavía— un pueblo claro y hospitalario. Las gentes gene-
rosas y amables... ¡Y tenía un sol! Ese sol de España que no
he vuelto a encontrar en ninguna parte del mundo y que
ya no veré nunca. Me hospedaron unas gentes buenas, muy
buenas, con quienes yo no me porté bien.
Y ahora quiero dejarles aquí, a ellas y a aquel pueblo de
Almonacid de Zorita... a toda España, este mi último poe-
ma. La última piedra de mi zurrón de viejo pastor trashu-
mante:

¡PERDÓN!

Soy ya tan viejo,
y se ha muerto tanta gente a la que yo he ofendido
y ya no puedo encontrarla
para pedirla perdón.
Ya no puedo hacer otra cosa
que arrodillarme ante el primer mendigo
y besarle la mano.
Yo no he sido bueno...
quisiera haber sido mejor.
Estoy hecho de un barro
que no está bien cocido todavía.
¡Tenía que pedir perdón a tanta gente!
Pero todos se han muerto.
¿A quién le pido perdón ya?
¿A ese mendigo?
¿No hay nadie más en España...
en el mundo,
a quien yo deba pedirle perdón?...

Voy perdiendo la memoria
y olvidando todas las palabras...
Ya no recuerdo bien...
Voy olvidando... olvidando... olvidando...

pero quiero que la última palabra,
la última palabra, pegadiza y terca,
que recuerde al morir
sea ésta: PERDÓN.

Casi todas estas piedras llegaron en días
de angustia,
de terror,
de desespero y desamparo.
Algunas en días de "Gracia".
Ahora las veo serenamente
desde la fría altura de mis años,
desde mi vejez apaciguada.
Todos son juguetes:
las heridas, las lágrimas,
el veneno del áspid, la baba del tirano,
el hacha del verdugo...
Una pelota es esa cabeza cercenada.
Jugamos al nacimiento y a la muerte,
al soplo y a la llama,
al que me ves y no me ves...
al enciende y apaga la lámpara.

Pero a veces pienso que no son todo juguetes y que yo que
     no he servido para ser
     ni piedra de una lonja
     ni piedra de una audiencia
     ni piedra de un palacio
     ni piedra de una iglesia...

Yo que en este mundo no he servido después de ochenta
años para nada... acaso sirva ahora todavía, como David,
para lanzar con la honda una de estas piedras, pequeñas y
ligeras, de mi zurrón —la más dura, la más pedernal... Tú,
piedra aventurera—,
     y dar justo, justo con ella
     en la frente misma de Goliat.

ROCINANTE
(1968)

LA MOSCA

A Luis Rius

Yo NO era más que un viejo caballo sin estirpe —dice
   Rocinante—.
Cierto día unos gitanos-ascetas de Valladolid
me vendieron en la feria de Medina de Ríoseco
a un bondadoso hidalgüelo
llamado Quijano (el bueno)
y del cual algunos cronistas muy humildes
habían hablado sucintamente nada más.
Era un hombre apacible *aquel* Quijano
Pero he aquí que un día, de pronto,
Le pica la mosca
   —¿Cómo?... ¿cómo ha dicho Ud.?
¿Que le pica una mosca?
—No, no... ¡Que le pica *la* mosca!
—¿El tse-tse?... ¿la mosca del sueño?...
¿La mosca perniciosa y africana del sueño?
—No señor, no. *La loca mosca española de los sueños:*
La misma mosca que le picó
a Santa Teresa,
a San Juan,
a los místicos,
a los pícaros,
a los conquistadores...
la mosca de la "Aventura aventurera"
donde todos se van...
Y nadie vuelve,
nadie vuelve nunca ¡pobre España!
Unos se van hacia arriba como los místicos,
otros al barranco o al patíbulo,
como los pícaros... o los héroes,
otros hacia islas remotas

hacia reinos desconocidos,
hacia estrellas lejanísimas,
hacia la "Locura"
que está dentro y fuera
de todas las latitudes de la Tierra.
¡Oh, Dios mío!... ¡Qué terrible epidemia!
Luego, años más tarde, un tirano
provoca y fomenta la plaga
y muchos españoles salen en tropel
derribando la vieja barda de la Heredad.
Los hombres se van de esta tierra
y no vuelven...
no vuelven... no vuelven... no vuelven...
se pierden... se pierden... se pierden...
Las ciudades se vacían... ¿Quién vivió aquí?
¿Dónde está aquel pueblo de adobes
nacido de la misma tierra
parda y altanera
de la meseta de Castilla...?
Aquel pueblo con su campanario
y su cigüeña
con sus palomares y sus palomas blancas
con su pequeño río
con sus álamos... su higuera... ¿dónde está?
Sólo en mi recuerdo...
Sólo en mi imaginación que se deshace.
Cuando yo me muera, dentro de unos días
—soy el más viejo de la tribu—
ya *no* sabrá nadie nunca nada de aquel pueblo.

CRONOLOGIA DE LEON FELIPE

(Basada en la biografía escrita por Luis Rius)

1884. 11 de abril. León Felipe Camino Galicia nace en Tábara, Zamora. Padres: Higinio Camino de la Rosa y Valeriana Galicia, oriundos de Valladolid. Hermanos: Cristina, Salud, María, Consuelo, Julio.

1886. Infancia en Sequeros, Salamanca.

1893. La familia Camino va a vivir a Santander. Primeros estudios de León Felipe. Con los escolapios, en Villacarriedo. Después termina el bachillerato.

1900. León Felipe llega a Madrid para estudiar Farmacia. Asiste por vez primera a una representación de *Hamlet*, que le impresiona mucho. Se licencia e inicia el doctorado, que no acabará.

1908. Muere su padre. Vuelve León Felipe a Santander, donde su padre, mediante préstamos, le ha instalado una farmacia. Vida de señorito. Juego. Deudas.
Abandona Santander y se va a Barcelona. Se dedica al teatro. Participa en la compañía de Tallaví, con actrices como Carmen Cobeña y María Gámez. Cómico de la legua en el grupo de Juan Espantaleón. Recorre España y Portugal. Vuelve a Madrid. Proceso y encarcelamiento de tres años. Lee *El Quijote*. En prisión escribe sus primeras poesías: sonetos sobre Don Quijote. Lecturas de parnasianos, y de Santos Chocano.
Su hermana Consuelo y su cuñado le abren otra farmacia en Valmaseda. Amores con Irene de Lámbarri, a quien volverá a ver en el Perú. León Felipe se va a Barcelona.

1918-1919. Regresa a Madrid. Muere su madre en Valladolid. Bohemia. Frecuenta el café de La Vicaría. Entre sus amigos: Wenceslao Roces, Emilio Madariaga, Vighi, Silverio de la Torre. Reunidos los poemas de León Felipe, los presenta a Juan Ramón Jiménez que unos días después los devuelve sin comentarios. Destruye este frustrado primer libro. Ideas de suicidio. Se va a Almonacid de Zorita, en Guadalajara, como regente de farmacia. Allí escribe *Versos y oraciones de caminante*. Lee a Juan Ramón Jiménez, Antonio Machado, Francis Jammes. Vuelve a Madrid con el nuevo libro citado. Valoración positiva por parte de Enrique Díez-Canedo. Lee con éxito *Versos y oraciones de caminante* en el Ateneo. Buena crítica.

1920. *Versos y oraciones de caminante*. Madrid, Imprenta Juan Pérez Torres. Edición particular, financiada por los amigos. En mayo, parte hacia Fernando Poo, donde se le ha ofrecido un puesto como administrador de hospitales de la Guinea española. Primero en el hospital de Elobey, después en el de Bata. El gobernador le concede la medalla del Muni.

1922. De vacaciones en Madrid, decide partir hacia América, concretamente a Nueva York.

1923. Con una carta de presentación de Alfonso Reyes, llega a México. Conoce a Henríquez Ureña, que le ofrece clases en la Escuela de Verano, Vasconcelos, Antonio Caso, Cosío Villegas, Rodríguez Lozano, Eduardo Villaseñor, Diego Rivera. Conoce a Berta Gamboa, profesora en los Estados Unidos. León Felipe la sigue a Nueva York y se casan en Brooklyn. Profesor de español en una escuela Berlitz.

1924. Federico de Onís lo anima a estudiar letras en la Universidad de Columbia. Amigo de Lorca, Waldo Frank, Ángel del Río.

1925-1929. Profesor de lengua y literatura españolas en la Universidad de Cornell. Traduce a Waldo Frank. Descubre a Whitman. Escribe *Versos y oraciones de caminante*, segundo libro, editado en 1930 por el Instituto de las Españas en Nueva York.

1930. Vuelve a México. Henríquez Ureña le da una cátedra en la Escuela de Verano de la Universidad Nacional, obtiene nuevas traducciones.

1931. Viaja a España. Esperanzas en la segunda República. Retorna, sin embargo, a América. Cursillo de verano en la Universidad de Las Vegas. Vuelve a México. Amistad con Antonio Caso, Vasconcelos, Cuesta, Ignacio Chávez, González Guzmán. Escribe *Drop a Star*, resultado de sus vivencias en los Estados Unidos. Influencia de Eliot y de Huidobro.

1933. Se publica en México *Drop a Star*, poema que Luis Rius llama "de transición". En Veracruz: "Vendrá una espada de luz."

1934-1936 (inicios). De nuevo en España. Traductor para Espasa-Calpe. Amistad con Pablo Neruda. Segunda edición de la *Antología* de Gerardo Diego, que lo incluye. Asimismo la antología de Federico de Onís (y en 1935 aparecerá en Espasa-Calpe, una suya, la primera). Viaja hacia Panamá y pasa por México.

1936. En Panamá como catedrático y agregado cultural de la embajada de España. Al estallar la guerra civil española, permanece leal al gobierno de la República. Se le prohíbe la lectura por radio del discurso *Good-bye, Panamá!* Publicado en el *Repertorio Americano* (5 de octubre). En octubre o noviembre vuelve a España.

En la Alianza de Intelectuales de Valencia, con Alberti, María

Teresa León, Emilio Prados y otros muchos escritores y pintores de la generación del 27. Traslado a Valencia cuando el gobierno deja Madrid.

1937. No se le permite leer *La insignia* en Valencia. Lee el poema el 28 de marzo en el teatro Metropolitan de Barcelona. Se publica mutilado, sin su autorización, en Barcelona; después, la versión auténtica, en Valencia. Debe salir un tiempo de España.

1938. Vuelve a México. Ingresa a La Casa de España (después El Colegio de México). Lee en el palacio de Bellas Artes "El payaso de las bofetadas" y "El pescador de caña", publicado por el Fondo de Cultura Económica. Nueva edición de *La insignia*, México, Ediciones Insignia.

1939. Lee en Bellas Artes partes de *Español del éxodo y del llanto*, publicado por La Casa de España. "El hacha" (publicado por *Letras de México*). Reedición de "La insignia", en Buenos Aires (Imán).

1940. En la colección Tezontle aparece "El gran responsable" ("Grito y salmo").

1941. En Mérida, Yucatán: "Los lagartos" (Editorial Huh). Traduce libremente *El canto a mí mismo* de Whitman (Buenos Aires, Losada).

1942. Con Jesús Silva Herzog, Bernardo Ortiz de Montellano y Juan Larrea funda *Cuadernos Americanos*. Amistad con Juan Larrea.

1943. *Ganarás la luz*, autobiografía poética publicada por *Cuadernos Americanos*.

1946-1948. Viaja por todos los países de Hispanoamérica, excepto Honduras y Paraguay, donde se le prohíbe la entrada. Lecturas-conferencias. En 1947, la editorial Pleamar de Buenos Aires publica *Antología rota*. En Lima, el escultor Victorio Macho hace su busto en bronce. Retorna a México.

1950. *Llamadme publicano* (México, Almendros).

1951. Se interesa cada vez más por el cine y el teatro. *La manzana (poema cinematográfico)*, publicado en la colección Tezontle. Reelaborado después como "poema dramático" *(Cuadernos Americanos*, 1954).

1956, 5 de octubre. Lectura en Bellas Artes de poemas de *El ciervo*.

1957. Muere Berta Gamboa. Gran depresión de León Felipe.

1958. Se publica *El ciervo*, en México. Editado por Grijalbo con gran número de ilustraciones de artistas mexicanos y españoles. Prólogo de Juan Rejano. Muchos creen que es éste el último libro de León Felipe. En los *Papeles de Son Armadans*, de Palma de Mallorca, aparecen "Cuatro poemas con epígrafe y colofón", como sobretiro. Correspondencia con José Camilo Cela. *La mordida* y *Tristán e Isolda* (Teatro de Bolsillo).

1960. *Otelo* o *El pañuelo encantado*, paráfrasis de Shakespeare.

1961. *El juglarón*. Graba el disco de Bernal Díaz para Voz Viva de México.

1962. Muy deprimido, piensa volver a España, pero no se decide.

1965. *¡Oh, este viejo y roto violín!* (México, Fondo de Cultura Económica, Colección Tezontle).

1966. Homenaje de la comunidad hebrea.

1968. Muere en la ciudad de México. Monumento a su memoria en los jardines de la Casa del Lago, en el Bosque de Chapultepec.

BIBLIOGRAFIA SUMARIA

OBRAS DE LEÓN FELIPE

Obras completas. Ed. Adolfo Ballano Bueno y Andrés Ramón Vázquez, pról. Guillermo de Torre, Buenos Aires, Editorial Losada, 1963.
Antología. Madrid, Espasa-Calpe, 1935.
Antología rota (1920-1947). Epílogo de Guillermo de Torre, Buenos Aires, Pleamar, 1947.
Antología y homenaje. Textos de Jesús Silva Herzog, Vicente Aleixandre *et al.*, México, Alejandro Finisterre, 1967.
Obra poética escogida. Pról. Gerardo Diego, Madrid, Espasa-Calpe, 1975.
Antología poética. Intr. Jorge Campos, Madrid, Alianza Editorial, 1983.
Las obras completas de León Felipe, en libros sueltos, han sido publicadas por las siguientes colecciones: Colección Málaga (México); Colección León Felipe (México, ed. Finisterre); y Colección Visor Poesía (Madrid).

ESTUDIOS SOBRE LEÓN FELIPE

Existe ya una enorme hemerobibliografía (véase *Obras completas, op. cit.*). Entre los estudios más completos, los siguientes:

Luis Rius, *León Felipe, poeta de barro.* México, Colección Málaga, 1968.
Margarita Murillo González, *León Felipe: sentido religioso de su poesía*, México, Colección Málaga.
María Luisa Capella, *La huella mexicana en León Felipe.* México, 1973.

ÍNDICE

LA INSIGNIA

Alocución poemática

(1937)

ESPAÑOL DEL ÉXODO Y DEL LLANTO

Doctrina de un poeta español en 1939

(1939)

GANARÁS LA LUZ

(Biografía, poesía y destino)

(1943)

ROCINANTE

(1968)

Este libro se terminó de imprimir y encuadernar
en el mes de abril de 1993 en Impresora y
Encuadernadora Progreso, S. A. de C. V. (IEPSA),
Calz. de San Lorenzo, 244; 09830 México, D. F.
Se tiraron 2000 ejemplares.